왜
비트코인 철학인가?

김해영 · 김동숙 지음

화폐의 철학적 대전환!
화폐를 둘러싼 철학·정치·기술의 교차로
단 2시간이면 통찰할 수 있는 비트코인 철학

청어

왜 비트코인 철학인가?

김해영 · 김동숙 지음

[비트코인]

2010년 5원
2015년 50만 원
2020년 3,000만 원
2025년 1억 6천만 원
2030년 ??????????????원

아침 생각할 때 다르고
점심 생각할 때 다르며
저녁 생각할 때 다르다

과거엔 가상(假想)으로 치부
지금이라도 실상(實相)을 깨달으면
미래엔 반드시 부유(富裕)하게 살 것이다

머리말

 100년 전, 인류(人類)가 생산한 지적자산을 동일한 만큼 양적(量的)으로 생산하는 데 100년이 소요되었다고 합니다. 요즘은 인류가 생산한 지적자산을 동일한 만큼 양적으로 생산하는 데는 불과 3시간이면 가능한 시대입니다. 일찍이 경험해보지 못한 세상에서 우리는 호흡하고 있습니다. 그래서 일각에선 속도보다 방향이란 말이 회자(膾炙)되곤 하나 '넋 놓고 살 수 없는 시대'에 있는 것입니다.

 엥겔스가 1844년 '산업혁명'이란 용어를 처음 사용한 후, 토인비가 이를 대중화한 것은 잘 알려진 사실입니다. 이로부터 2차와 3차를 거쳐 어느새 4차 산업혁명 시대, 즉 메타(Meta)시대로 깊숙이 들어왔습니다. 메타시대는 '인문학과 과학이 통섭되는 시대'입니다. 컴퓨터 기술 기반의 인공지능[AI], 사물인터넷[Iot], 클라우드(Cloud), 빅데이터(Big Data), 모바일(Mobile) 등이 신대륙인 '디지털 생태계로 전환'된 것입니다.

 세상에는 '두 종류의 지식이 존재'합니다. 하나는 내가 알고 있다는 느낌의 지식이고, 다른 하나는 내가 알고 있는 느낌의 정도가 아닌, 설명도 가능한 지식입니다. 따라서 지식은 설명까지 가능해야 살아있는 지식이라 할 수 있습니다. 그렇다면 정보의 홍수 속에 살고 있는 오늘날 지식인들은 어떤 지식을 흡수하고 소화하여 설명할 수 있을까요. 이는 선현(先賢)들의 사상(思想)을 '올바로 받아들이는 자세일 것'입니다.

 우리는 모두 과거가 아닌 미래를 향해 움직입니다. 미래는 '지금 바로 여기'입니다. 윌리엄 깁슨의 "미래는 이미 와 있다. 다만 널리 퍼지지 않았을 뿐."이란 주장도 있으나, 이전에 전혀 듣도 보도 못한 디지털 신대륙이란 곳에서 호흡해야 합니다. 이를 위해선 신대륙으로 들어가는 디딤돌인 인문학을 읽어내는 능력을 길러야 합니다. 나 자신만의 삶이 아닌, 공동체의 항구적인 발전과 보전을 위한 일이기 때문입니다.

오늘날 우리는 '비트코인(Bitcoin) 시대'로 일컬어지는 전환기를 맞고 있습니다. 2009년 비트코인 등장 이후, 글로벌 금융 질서와 화폐 철학에 대한 근본적 질문이 제기되고 있습니다. 달러를 중심으로 한 통화 질서가 여전함에도 비트코인의 확산은, 기존 통화 체계의 안정성과 정당성에 대한 심대한 도전을 의미합니다. 이런 맥락에서 비트코인은 단순한 경제현상이 아닌, 정치철학적 성찰의 대상이 될 수밖에 없습니다.

주지하듯 비트코인을 둘러싼 평가(評價)는 극명(克明)하게 갈립니다. 이른바 '가상자산'으로 규정하여 제도권 금융의 한 축으로 편입시키려는 시도와 '도박' 혹은 '거품'으로 치부하며 사회적 위험 요소로 경계합니다. 특히 큰 가격 변동성, 투기적 성격, 불법 거래와의 연계 가능성 등은 불신을 키우는 데 한몫했습니다. 이런 상반된 평가 속에 존재하는 비트코인은 실질적 의미를 둘러싼 학문적 해석이 필요한 시점입니다.

바로 이 지점에서 '비트코인 철학'이란 주제가 의미를 갖습니다. 단순히 가격의 등락이나 투자 수익률에 주목하는 것이 아닌, 화폐와 신뢰, 권력과 자유라는 인류 문명의 근본 문제를 다시 묻는 통로로 비트코인을 바라보자는 것입니다. 철학적 탐구는 피상적인 불신과 오해를 넘어, 비트코인이 지닌 체계를 바로 통찰하도록 돕습니다. 이는 경제와 기술적 논의에서 벗어나기 쉬운 사회적 차원을 드러내는 일이기도 합니다.

이제 비트코인을 둘러싼 불신을 걷어내고 본질적 가치, 즉 '비트코인 철학'을 이해할 수 있다면 이는 개인의 투자 차원을 넘어 '국가적 자산'으로 자리매김할 것입니다. 과거 금과 은이 국가 경제의 기초가 되었듯, 새로운 시대의 국가 자산은 네트워크 속에서 작동하는 디지털 질서가 될 것입니다. 더 늦기 전에 '왜 비트코인 철학인가?'라는 질문을 던지고, 철학적 성찰을 통해 미래를 준비하길 기대하고 또 고대합니다.

2025년 11월
우만동(牛滿洞) 승영철학사상연구소에서
김해영·김동숙

차례

머리말 … 6

I. 서론 … 16

   1. 화폐의 기원과 철학적 질문 … 19
   1) 아리스토텔레스 화폐론과 교환, 가치의 문제 … 19
   2) 철학과 정치학, 경제학의 융합적 관점 … 22

   2. 21세기 디지털 전환과 새로운 질문 … 24
   1) 기술혁명과 인간 사회 … 24
   2) 비트코인(Bitcoin)을 통한 자유와 권력의 재해석 … 26

II. 화폐의 철학적 기반 … 29

   1. 화폐란 무엇인가 … 29
   1) 교환수단과 가치저장, 회계단위 … 29

2) 플라톤과 아리스토텔레스, 마르크스의 화폐론 … 30

  2. 신뢰와 권력의 문제 … 35
  1) 국가와 은행, 금융 시스템 … 35
  2) 푸코와 '생명정치' 속 화폐 … 36

  3. 자유와 화폐 … 39
  1) 하이에크의 탈국가적 화폐 … 39
  2) 개인의 자율성과 교환의 윤리 … 41

Ⅲ. 비트코인(Bitcoin)과 인간 존재 … 44

  1. 존재론적 차원 … 44
  1) 코드가 법[Code is Law]이란 선언 … 44
  2) 기술과 인간 자유의 경계 … 46

  2. 인식론적 차원 … 49

1) 비트코인과 신뢰의 구조 … 49
   2) 블록체인과 분산된 진리 … 51

   3. 윤리적 차원 … 54
   1) 투기와 탐욕, 자유, 책임 … 54
   2) 공리주의 vs 칸트 윤리 vs 블록체인 윤리 … 56

Ⅳ. **비트코인의 탄생과 사상적 배경** … 59

   1. 사토시 나카모토의 선언 … 59
   1) 탈중앙화의 철학적 의미 … 59
   2) 암호학과 수학적 신뢰 … 61

   2. 사이퍼펑크(Cypherpunk) 운동과 자유주의 … 64
   1) 프라이버시와 자율, 권력 저항 … 64
   2) 닉 재보(Nick Szabo)와 화폐의 기원 … 66

   3. 비트코인의 사회적 반향 … 69
   1) 디지털 골드(Digital Gold) … 69
   2) 새로운 주체로서의 비트코인 유저 … 70

Ⅴ. 경제적 맥락[비트코인과 금융 패권] … 73

1. 기존 금융 시스템의 한계 … 73
1) 중앙은행과 달러 패권 … 73
2) 금융위기와 신뢰 붕괴 … 75

2. 비트코인의 대안적 지위 … 78
1) 가치저장 수단 vs 투기 수단 … 78
2) 금[Gold] vs 디지털 금[Digital Gold] … 79

3. 화폐 패권의 미래 … 82
1) 달러와 위안, 암호화폐 삼각구도 … 82
2) 글로벌 거버넌스(Governance)의 가능성 … 84

Ⅵ. 사회와 문화적 변혁 … 87

1. 탈중앙화 사회의 가능성 … 87
1) 정치와 경제 권력의 재편 … 87
2) 탈국가적 시민의 등장 … 89

2. 블록체인 공동체와 새로운 사회 계약 … 91
1) 토큰(Token) 이코노미와 거버넌스 … 91
2) 신뢰와 연대, 투명성 … 92

3. 문화적 상상력 … 95
1) 디지털 유토피아와 디스토피아 … 95
2) 예술과 미디어, 종교와의 접점 … 97

Ⅶ. 결론 … 101

1. 비트코인의 철학적 의의 … 101
1) 화폐의 역사와 미래 … 101
2) 자유와 신뢰, 권력의 재구성 … 102

2. 비트코인이 던지는 철학적 과제 … 105
1) 인간은 무엇을 신뢰하는가? … 105
2) 화폐 이후의 철학적 전망 … 106

부록Ⅰ: 화폐와 금융패권[돈이 곧 힘이다] … 109
부록Ⅱ: 비트코인 관련, 주요 용어 해설 … 113

참고문헌 … 121

Ⅰ. 서론

주지하듯 인류 문명(文明)은 교환(交換)과 가치(價値)의 문제를 둘러싸고 발전했습니다. 물물교환에서 비롯된 교환 행위는 점차 금속화폐와 지폐, 전자화폐로 진화하면서 '화폐란 무엇인가'라는 근원적 질문을 끊임없이 던지게 했습니다. 아리스토텔레스[1]는 화폐를 단순한 교환

---

1) 아리스토텔레스(Aristoteles : B.C.384~B.C.322)는, 고대 그리스의 철학자로, 플라톤의 제자이며, 알렉산드로스 대왕의 스승이다. 형이상학과 논리학, 수사학, 정치학, 윤리학, 물리학 등 다양한 주제의 책들을 저술했다. 소크라테스, 플라톤과 함께 고대 그리스의 가장 영향력 있는 학자로, 그리스 철학이 서양 철학의 근본을 이루는 데 크게 이바지했다.

2) 플라톤(Platon : B.C.428~B.C.348)은, 소크라테스(Socrates : B.C.470~B.C.399)의 제자이자 아카데메이아의 창설자로, 제자인 아리스토텔레스와 함께 고전기 헬라스 철학을 대표하는 철학자다. 플라톤의 연구 분야는 형이상학, 정치학, 윤리학, 인식론 등 서양 철학의 온갖 영역에 걸쳐있다. 참고로 플라톤은 『국가』에서 직접적으로 화폐에 대한 논의는 없었으나, 이른바 '이상국가의 3계급', 즉 지혜를 담당하는 통치자 계급, 용기를 담당하는 수호자 계급, 욕구[욕망]를 담당하는 생산자 계급으로 구분하면서, 화폐 사용을 생산자 계급에만 허용했다. 즉 통치자나 수호자 계급은 화폐나 사적 재산을 가져선 안 된다고 강조한 것이다. 탐욕과 사적 이해관계가 자칫 공공선(公共善)을 해칠 수 있다고 보았기 때문이다. 따라서 화폐는 공동체 내에서 욕구[욕망]를 충족시키는 교환의 수단으로만 인정되었고, 권력이나 지배의 수단이 되어선 안 된다고 경계했다.

수단이 아닌, '가치와 사회적 합의의 구현물'로 이해했으며, 플라톤[2]과 마르크스[3] 등은 화폐가 가진 철학적 의미와 사회적 의미를 심화시켰습니다.

이런 고전적 논의는 화폐를 단순한 도구로 환원하기 어려운, 인류의 본질적 제도로 바라보게 합니다. 여기서 철학은 '화폐의 본질'을, 정치학은 '화폐를 둘러싼 권력과 제도'를, 경제학은 '화폐의 실질적 기능'을 탐구합니다. 이처럼 3분야는 서로 분리될 수 없는 학문적 지평을 공유하면서 우리는 새로운 화폐의 등장을 맞습니다. 그리고 우리는 지금 바로 여기서 21세기 디지털 혁명이 제기되는 새로운 질문을 시작합니다.

오늘날 인류는 21세기 디지털 혁명이란 대전환기를 맞

---

3) 마르크스(Marx : 1818~1883)는, 철학자와 정치경제학자로, 근대 이후, 철학과 정치, 경제에 지대한 영향을 미친 인물이다. 참고로 '마르크스 화폐론'은 비교적 과학적인 논리에 기반하고 있다. 즉 화폐는 상품으로부터 발생되기 때문에, 상품-화폐-자본-독점자본 등의 논리적 과정을 토대로 한다. 때문에 화폐의 본질에 관련된 연구 또한 상품의 내재적 모순으로부터 출발한다. 마르크스는 상품경제가 발전하는 역사와 화폐형식의 변천 과정에 대한 사고를 기반으로 화폐 본연의 생산관계, 즉 사회관계로 설명했다. 아울러 '화폐의 본질'을 일반등가물(一般等價物), 즉 모든 상품의 가치를 측정하고, 그 교환을 중개하는 데 사용되는 특수한 상품으로 규정했다.

이하고 있습니다. '인터넷과 인공지능(人工知能), 블록체인(Blockchain)으로 상징되는 기술혁명'은 단순히 경제구조만을 바꾸는 것이 아닌, 인간의 삶과 사회 질서, 권력 관계 전체를 재편합니다. 이런 와중에 등장한 것이 바로 비트코인(Bitcoin)입니다. 이 비트코인은 단순한 결제 수단을 넘어, 자유와 권력의 새로운 해석을 요구하는 '철학적 사건'으로 명명합니다.

국가와 은행을 거치지 않고, 암호학적 합의만으로 신뢰를 보장한다는 점에서 비트코인은 기존 질서와의 단절을 보여줍니다. 이는 화폐를 둘러싼 전통적 질문들, 즉 '가치는 어디에서 오는가?', '신뢰는 어떻게 보장되는가?', '권력은 누구의 손에 있는가?'에 대한 전혀 새로운 차원의 답을 요청받고 있습니다. 따라서 본 논의는 고대 그리스 철학자들의 물음에서 출발해, 현대 기술혁명이 던지는 도전에 응답하고자 합니다.[4]

---

4) 비트코인을 매개로 '화폐'와 '신뢰', '권력', '자유'란 인류 보편적 문제를 다시 사유(思惟)하고자 한다.

1. 화폐의 기원과 철학적 질문

1) 아리스토텔레스 화폐론과 교환, 가치의 문제

화폐(貨幣)는 단순한 경제 도구일까, 아니면 사회의 근원적인 철학적 질문과 맞닿아 있는 제도일까. 고대 그리스의 철학자 아리스토텔레스는 이 물음에 깊이 천착(穿鑿)했습니다. 그는 『정치학』과 『니코마코스 윤리학』[5]에서 화폐를 언급하며, 화폐가 공동체의 삶 속에서 어떤 역할을 하는지 체계적으로 설명했습니다. 즉 화폐는 단순 교환의 수단 정도가 아닌, 어떻게 '가치'를 합의하고 유지하는지를 보여주는 거울이었습니다.

그는 먼저 '교환의 문제'를 제기합니다. 인간은 필요한

---

[5] 아리스토텔레스는 『니코마코스 윤리학』에서 '인간의 행복'에 관해 묻는다. 또 『정치학』에선 동일한 형태로 '좋은 국가란 무엇인가'에 관해 묻는다. 정치학적 사유와 윤리학적 사유는 그 구조에 있어 동형적(同形的)으로 본다. 아리스토텔레스는 현실정치에 대한 경험적 관찰과 분석을 통해 3가지 좋은 국가 형태와 그것들이 변질된 국가 형태에 대한 이론을 구성한다. 가령 좋은 정치체제[Politeia]는 공익에 기여하는 정치체제를 말하고, 나쁜 정치체제는 지배자들의 이익만 추구하는 정치체제를 가리킨다.

것을 충족하기 위해 상호 재화를 교환합니다. 하지만 물물교환은 불편합니다. 가령 내가 빵을 지니고 있다고 상대방이 빵을 필요로 하는 것은 아닙니다. 즉 '필요의 일치[double coincidence of wants]'가 성립되지 않으면 거래될 수 없습니다. 이런 불편을 해소하기 위해 일반적 등가물, 즉 모두가 받아들일 수 있는 교환의 매개물이 탄생했습니다. 바로 화폐입니다.

여기서 중요한 점은, 아리스토텔레스가 화폐를 자연적으로 주어진 것이 아닌, 사람들의 합의(合意)와 신뢰(信賴)에서 비롯된 '사회적 장치'로 보았다는 사실입니다. 그는 이렇게 강조합니다. "화폐는 본성적으로 존재하는 것이 아닌, 법과 관습에 의해 존재한다."라고 명확히 했습니다. 다시 말해, 화폐의 가치는 금속이나 지폐에서 나오지 않고, 사람들이 그것을 가치 있는 것으로 인정한다는 '약속에서 비롯되는 것'입니다.

나아가 아리스토텔레스는 화폐의 기능을 3가지로 정리했습니다. 첫째, 화폐는 '가치의 척도'로, '서로 다른 재화를 비교할 수 있는 기준', 둘째, 화폐는 '교환의 수단'으로, '물물교환의 불편을 해소', 셋째, 화폐는 '가치의 저장수단'으로, '미래의 교환을 가능하게 한다'가 그것입니다. 오늘날 경제학에서 정의하는 화폐의 기능과 거의 동일합니다. 2천 년 전, 철학자의 분석이 오늘날에도 유효하다는 사실은 놀라운 통찰입니다.

하지만 아리스토텔레스는 화폐의 본질을 분명히 하면서도 내재하고 있는 위험성 또한 간과하지 않았습니다. 그는 화폐가 단순한 교환의 매개물이 아닌, 부(富)의 축적 수단으로 전도(轉倒)될 수 있음을 지적한 것입니다. 특히 화폐에서 화폐를 낳는, 이른바 이자(利子) 행위는 자연의 질서와 공동체의 윤리에 어긋나는 것으로 보았습니다. 그저 화폐는 '교환의 수단'일 뿐, 스스로 증식할 수 있는 생명체가 아니기 때문입니다.

이처럼 그는 화폐의 기원과 기능을 탐구하는 동시에 인간 사회에 불러올 윤리적 문제를 경계했습니다. 결국 '아리스토텔레스의 화폐론'은 단순한 경제학적 논의에 그치지 않고, '인간은 왜 교환하는가? 무엇을 가치로 삼는가?'란 근본적 질문으로 우리를 이끌고 있습니다. 곧 화폐는 공동체의 실질적 삶을 구현하는 도구이자 사회가 무엇을 정의롭고 윤리적인 것으로 받아들일지를 가

늘하는 철학적 척도가 되는 셈입니다.

 2) 철학과 정치학, 경제학의 융합적 관점

 화폐(貨幣)에 관한 질문은 단순 경제학의 전유물이 아닙니다. 화폐는 교환의 문제를 넘어 정치와 권력, 윤리의 영역과 직결됩니다. 고대 철학자들이 화폐를 다룬 이유도 바로 여기에 있습니다. 즉 화폐는 단순히 시장에서 물건을 매매하는 기호가 아닌, 인간이 서로를 어떻게 인정하고 관계 맺는지를 드러내는 사회적 장치였습니다. 따라서 화폐를 성찰하는 것은 곧 인간 사회의 '근본 구조를 탐구하는 일'이기도 합니다.

 말하자면 화폐는 교환의 수단뿐만이 아닌 정의(正義)와 공동체 그리고 권력의 정당성까지 확인하는 일이기도 합니다. 실제로 화폐가 등장한 순간부터 인간의 삶은 단순한 생존의 차원을 넘어, '신뢰와 약속', '제도와 질서'란 더욱 복잡한 층위(層位)로 이행한 것이 이를 말해줍니다. 따라서 화폐는 인간 문명이 발전해온 궤적(軌跡) 속에서 가장 근본적인 사유(思惟)의 대상 가운데 하나가 될 수밖에 없었던 것입니다.

철학은 '인간의 존재와 가치'를 묻습니다. 정치학은 '공동체의 질서와 권력'을 다룹니다. 경제학은 '재화의 생산과 분배, 교환'을 탐구합니다. 이 3가지 영역은 따로 떨어져 있지 않습니다. 화폐를 둘러싼 문제는 곧 인간은 무엇을 가치로 삼는가[철학], 그 가치는 어떻게 공동체 속에서 질서를 형성하는가[정치학], 그 질서는 어떤 방식으로 교환되고 분배되는가[경제학]라는 3가지 질문이 동시에 얽히고설켜 있는 것입니다.

아리스토텔레스가 화폐를 정의와 공동체의 관점에서 설명했듯, 화폐는 늘 '윤리적이고 정치적 의미'를 배제할 수 없습니다. 따라서 화폐를 이해하려는 노력은 단순한 경제학적 분석을 넘어, 철학과 정치학, 경제학이 융합된 총체적 사유로 나아가야 합니다. 이 책의 이름을 『왜 비트코인 철학인가?』라는 주제로 정한 이유도 여기에 있습니다. 비트코인은 기술적 현상임과 동시에 철학적 질문이자 정치적 사건이기 때문입니다.

2. 21세기 디지털 전환과 새로운 질문

1) 기술혁명과 인간 사회

21세기 들어 인류(人類)는 또 다른 거대한 전환점에 서 있습니다. '인터넷과 디지털 기술(技術)', '인공지능(人工知能)과 블록체인(Blockchain)'[6]은 인간의 삶을 근본적으로 변화(變化)시키고 있습니다. 여기서 기술은 단순히 생활의 편리함을 제공하는 수준에 머물지 않습니다. 이것은 인간이 자신과 세계를 이해하는 방식, 다시 말해 '타인과 맺는 관계와 공동체를 조직하는 원리를 재구성하

---

6) 블록체인(Blockchain)은, 분산 컴퓨팅 기술 기반의 '데이터 위변조 방지 기술'을 가리킨다. 이는 소규모 데이터들이 사슬 형태로 무수히 연결되어 형성된 '블록'이란 분산 데이터 저장 환경에 관리 대상 데이터를 저장함으로써 누구도 임의로 수정할 순 없으나, 누구나 변경의 결과를 열람할 순 있다. 블록엔 해당 블록이 발견되기 이전에 사용자들에게 전파되었던 모든 거래 내역이 기록되어 있고, 이는 P2P 방식으로 모든 사용자에게 똑같이 전송되므로 거래 내역을 임의로 수정하거나 누락시킬 수 없다. 블록은 발견된 날짜와 이전 블록에 대한 연결 고리를 가지고 있으며, 이런 블록들의 집합을 이른바 '블록체인'이라 한다. 쉽게 말하면 '수많은 기록을 한 묶음으로 만드는 기술'이라 할 수 있다. 기존에 전자화폐로 거래할 때 중앙 서버에 거래 기록을 보관하는 것과는 달리 블록체인은 모든 사용자에게 거래 기록을 보여주고, 이를 서로 비교해 위조를 막는 것이 특징이라 할 수 있다.

는 단계'에까지 이르렀습니다.

스마트폰과 소셜 미디어는 우리의 인식과 의사소통 방식을 바꾸었고, 인공지능은 사고와 창작의 영역에까지 깊숙이 들어와 인간의 존재를 되묻고 있습니다. 블록체인과 암호화폐는 기존의 금융질서를 흔들며 권력의 배분과 신뢰의 기초를 근본적으로 다시 쓰도록 요구하고 있습니다. 이처럼 기술의 진보는 단순한 도구적 혁신이 아닌, 인간 존재와 사회 구조를 뿌리부터 흔드는 전면적 전환의 힘으로 작동하고 있습니다.

역사적으로도 기술혁명은 항상 새로운 사회적 질문을 불러왔습니다. 가령 인쇄술(印刷術)은 지식과 권력의 독점을 무너뜨렸고, 증기기관은 산업혁명을 주도하며 노동과 자본의 관계를 재편했습니다. 오늘날의 디지털 혁명 또한 이러한 성격을 지닙니다. 데이터와 네트워크는 새로운 자원이자 권력의 원천이 되었으며, 블록체인과 비트코인은 '화폐'라는 인간 사회의 가장 근본적인 제도마저 다시 성찰하게 만들고 있습니다.

2) 비트코인(Bitcoin)을 통한 자유와 권력의 재해석

 비트코인은 단순한 '투자 상품'으로 환원될 수 없습니다. 이는 기존 금융 시스템과 권력 질서에 대한 근본적인 도전이자, 화폐란 제도를 다시 사유하게 만드는 철학적 사건입니다. 국가와 중앙은행이 독점해온 화폐 발행 권력에 맞서, 비트코인은 탈중앙화된 신뢰 체계를 제시하며 새로운 가능성을 열어 보입니다. 이 지점에서 비트코인은 경제적 도구를 넘어, 정치, 사회적 상상력을 자극하는 실험적 장치로 기능합니다.

 이 체계 속에서 화폐(貨幣)는 더 이상 국가의 권위와 제도적 강제력에 의존하지 않습니다. 대신 수학적 알고리즘[7]과 분산된 네트워크가 새로운 신뢰의 기반이 됩니

---

7) 알고리즘(Algorithm)은, 문제 해결을 위한 일련의 단계적 절차나 명령어들의 집합을 의미하며, 컴퓨터 프로그램의 핵심 기반이 되는 개념이다. 주로 입력된 자료를 바탕으로 원하는 출력을 유도하는 규칙의 집합으로, 수학이나 컴퓨터과학 등에서 널리 사용된다. 알고리즘의 주요 특징은 유한성[Finiteness]과 명확성[Definiteness], 유효성[Effectiveness], 입력[Input]과 출력[Output], 결정성[Determinism], 일반성[Generality], 효율성[Efficiency] 등을 들 수 있다. 참고로 '알고리즘'이란 말은, 9세기 페르시아 수학자 알콰리즈미(al-Khwārizmī)의 이름에서 유래했다.

다. 이는 '자유와 권력'이란 가치에 대해 근본적으로 재해석을 요구합니다. 여기서 '자유란 무엇인가?'라는 고전적 질문은 '디지털 시대의 자유란 무엇인가?'라는 차원으로 확장되고, 권력은 중앙 집중에서 분산과 자율이란 '새로운 질서로 재구성'되는 것입니다.

비트코인은 이런 사유의 전환을 촉발하며, 인간이 신뢰를 어떻게 형성하고 권력을 어떻게 나눌 것인가에 대한 근본적인 성찰을 요청합니다. 따라서 비트코인은 단순한 화폐라 할 수 없습니다. 이는 권력의 분산과 개인의 자율 그리고 공동체적 신뢰라는 3가지 축 위에서 새로운 사회적 실험을 가능하게 합니다. 이 점에서 비트코인은 화폐 제도의 기술적 혁신을 넘어, 21세기를 상징하는 철학적 사건으로 자리 잡습니다.

Ⅱ. 화폐의 철학적 기반

1. 화폐란 무엇인가

1) 교환수단과 가치저장, 회계단위

고래(古來)로부터 화폐는 단순히 교환의 편리함을 보장하는 장치로 이해되었습니다. 우선 화폐는 교환수단으로 기능합니다. 이는 직접적인 물물교환의 불편함, 이를테면 '쌀 한 가마니와 옷 한 벌'을 서로 교환하려 할 때, 양자의 필요와 가치가 반드시 일치하지 않는다는 문제를 해소하기 위한 장치였습니다. 화폐는 이 불균형을 매개함으로써 교환을 원활히 하고, 다양한 재화가 공통의 기준 위에서 거래될 수 있도록 합니다.

하지만 화폐의 역할은 단순 교환의 수준을 뛰어넘습니다. 가치저장 수단으로도 기능합니다. 즉 현재의 부(富)를 미래로 이전할 수 있는 장치입니다. 가령 농산물은 시간이 지나면 부패하지만 화폐는 보관 가능한 형태로 바꿔 주어 개인은 물론 공동체가 장기적 계획을 세울 수 있도록 합니다. 따라서 화폐는 단순히 경제적 효율성의 산물이 아닌, 인간 사회가 시간과 신뢰를 관리하는 제도적 장치로 작동하는 것입니다.

그리고 화폐는 회계단위(會計單位)로도 기능합니다. 말하자면 다양한 재화(財貨)와 노동을 동일한 척도 속에 배치해 비교 가능하게 만드는 것입니다. 이는 사회 전체가 '가치'를 공적으로 합의하고 공유하는 과정입니다. 따라서 화폐는 단순 숫자나 기호가 아닌, 공동체의 합의된 질서와 규범을 담아내는 장치로 이해될 수 있습니다. 결국 화폐는 단순한 계산 수단을 넘어, '사회적 약속과 신뢰가 제도화된 상징'인 것입니다.

2) 플라톤과 아리스토텔레스, 마르크스의 화폐론

플라톤은 『국가』에서 이상국가의 구조를 설계하면서 화폐를 거래 도구로만 보지 않았습니다. 그는 화폐가 상업적 교환을 가능하게 하는 필연적 장치임을 인정하면서도 동시에 인간의 욕망을 자극하고 공동체의 조화를 파괴할 위험성이 존재함을 경계했습니다. 특히 통치자 계급이나 용기를 담당하는 수호자 계급이 화폐에 집착하면, 정의로운 질서와 공적 선(善)을 추구하는 정치적 '공동체가 훼손될 수 있다'고 보았습니다.

따라서 플라톤에게 있어 화폐는 단순히 편의를 위한 실용적 발명품이면서도, 한편으론 인간 영혼의 타락을 촉발할 수 있는 위험한 유혹의 상징이기도 했습니다. 결국 그의 사유 속에서 화폐는 제도적 필요와 도덕적 경계가 교차하는 지점에 놓인, 이른바 양가적(兩價的) 성격의 제도라 할 수 있습니다. 그리고 아리스토텔레스는 『정치학』과 『니코마코스 윤리학』에서 화폐를 한층 더 체계적이고 실천적으로 다루었습니다.

그는 화폐가 교환을 가능하게 하는 보편적 매개이며, 사회 구성원들의 합의와 신뢰에 의해 성립하는 제도라는 점을 강조했습니다. 하지만 그는 교환의 성격을 두 가지로 구분했는데, 생존과 생활유지에 필요한 '자연적 교환'은 정당한 행위로 보았으나, 단순 이윤추구를 목적으로 하는 '비자연적 교환'은 비윤리적 탐욕으로 규정했습니다. 이런 구분은 화폐가 인간의 삶을 온전히 지켜주는 만능이 될 수 없음을 일러줍니다.

즉 화폐는 인간이 어떤 삶을 가치 있다고 판단하는지를 드러내는 거울 역할을 강조한 것입니다. 즉 아리스토텔레스에게 있어 화폐는 단순한 경제적 수단을 넘어, 인간의 윤리적 성향과 '공동체[Community]의 도덕적 기초'를 비추는 철학적 지표였던 셈입니다. 한편 마르크스는 『자본론』에서 화폐를 자본주의 체제의 핵심 기제로 규정하고, 이것이 인간의 노동과 사회적 관계를 왜곡하는 과정을 철저히 분석했습니다.

즉 마르크스에게 있어 화폐는 단순히 상품 교환을 가능하게 하는 일반적 등가물[Equivalent]이 아닌, 인간의 구체적 노동이 추상적 가치로 환원되는 과정을 은폐하는 장치였습니다. 말하자면 화폐는 자본의 자기증식 운동 속에서 인간적 관계를 가림은 물론 사회적 가치를 숫자와 가격으로 치환하는 '가면'으로 기능하는 것입니다. 이 과정에서 사람들의 노동은 소외되고, 인간적 교류는 '물질적 등가 관계'로 대체됩니다.[8]

---

8) 따라서 마르크스에게 있어 화폐는 단순히 중립적인 경제적 기호를 넘는, 즉 소외와 착취, 권력관계를 드러내는 핵심적 상징이자 비판의 대상이 된다.

플라톤과 아리스토텔레스, 마르크스의 화폐론은 시대적 배경과 철학적인 문제의식은 각각 다르나 화폐를 대하는 태도는 다르지 않습니다. 즉 단순한 경제적 도구 이상의 의미로 파악했다는 점에서 공통점이 있습니다. 플라톤은 화폐를 공동체의 질서를 위협할 잠재적 위험으로 보았고, 아리스토텔레스는 화폐가 교환과 생활에 반드시 필요한 수단으로 인정하면서도 이른바 윤리적 경계 내에서만 정당하다고 규정했습니다.

하지만 마르크스는 약간 결을 달리합니다. 화폐를 인간 소외와 착취의 핵심 기제로 파악하며 비판의 대상으로 삼은 것입니다. 그럼에도 여기 세 사람의 사상가는 화폐가 단순히 거래를 매개하는 '중립적 수단'을 넘는, 즉 '인간 사회의 욕망과 윤리', '권력과 소외의 구조를 드러내는 상징적 장치'임을 일깨워 줍니다. 이는 오늘날 '비트코인과 같은 새로운 현상'을 성찰할 때도 여전히 유효한 철학적 시사점을 제공합니다.

다시 말해 이들 세 사상가의 성찰은 오늘날 비트코인을 이해하는 데 중요한 철학적 자각을 안내합니다. 비트코인은 중앙 권력에 의해 발행되지 않고, 공동체적 합의와 네트워크의 신뢰 속에서 작동하는 새로운 화폐 질서입니다. 이는 아리스토텔레스가 말한 '합의로서의 화폐'를 기술적으로 구현한 듯하면서도, 동시에 마르크스가 지적한 소외와 권력 집중을 넘어설 수 있는 가능성을 시험하는 장치로 해석될 수 있습니다.

결국 고대와 근대의 화폐철학은 비트코인을 단순한 투자 대상이 아닌, 사회적 신뢰와 인간적 자유를 둘러싼 철학적 논쟁의 장으로 바라보게 하는 사상적 다리 역할을 하고 있습니다. 이는 화폐를 둘러싼 오래된 질문들이 여전히 현재적 의미를 지니고 있으며, 기술혁신이 철학적 성찰의 지평을 새롭게 열 수 있음을 시사합니다. 즉 비트코인은 과거와 현재를 연결하는 실험장이자 미래 사회를 여는 창(窓)으로 작동합니다.

2. 신뢰와 권력의 문제

1) 국가와 은행, 금융 시스템

화폐는 단순 교환의 수단을 넘어 신뢰의 상징입니다. 하지만 신뢰는 항상 정치와 사회적 권력에 의해 보장되어왔습니다. 고대 도시국가에서 주화의 가치는 군주의 권위였고, 근대 이후 중앙은행은 화폐 발행의 독점권을 통해 국가의 신용을 상징했습니다. 즉 화폐는 국가권력과 은행이란 제도 위에서 작동해 온 것입니다. 따라서 이런 제도적 장치가 무너지면 화폐는 가장 먼저 '불신과 혼란의 중심'에 서게 되었습니다.

특히 근대 금융 시스템은 국가의 통치 능력과 긴밀히 연결됩니다. 국채 발행을 통한 재정 운영, 중앙은행의 금리 정책, 국제 금융질서의 통제는 모두 국가가 화폐를 매개로 시민의 신뢰를 조직하는 과정이라 할 수 있습니다. 여기서 화폐는 단순 유통 수단이 아닌, 사회 구성원들이 국가와 제도에 대한 신뢰를 수치로 환산한 것입니다. 다시 말해 금융 시스템은 '경제적 장치'이자 동시에

'정치적 권력 장치'인 셈입니다.

말하자면 금융 시스템은 단순히 경제를 안정화하는 역할을 넘어, 국제 질서에서 국가의 위상과 패권을 결정 짓는 핵심 요인인 것입니다. 달러의 기축통화 지위가 미국의 군사력과 외교력의 기반이 되었듯, 화폐는 국가의 권력을 외부로 투사하는 수단이자, 내부적으론 시민의 신뢰를 결속시키는 도구였습니다. 따라서 화폐와 금융 시스템을 어떻게 설계하고 운영하느냐의 문제는, '중대한 정치철학적 과제'라 하겠습니다.

2) 푸코와 '생명정치' 속 화폐

푸코[9]는 근대 권력을 단순한 억압적 장치가 아닌, 인

---

9) 푸코(Foucault : 1926~1984)는, 20세기 프랑스 철학자로, 포스트모더니즘과 포스트구조주의 철학자로 불린다. 그의 사상적 특징은 크게 3가지로 요약할 수 있는데, 사회와 개인의 관계를 권력과 힘이 작용하는 구조로 파악하는 구조주의적 관점, 선험적이며 고정적인 것으로 여겨온 개념들이 실제론 역사적으로 구성된 결과물임을 폭로하는 계보학적인 관점, 합리적이지 않고 이성적이지 않은 주제가 그것이다. 다시 말해 무의식적 담론인 '광기와 폭력, 섹스' 등의 주제를 가지고 철학적 사유를 하는 비이성적 주제 선정 관점이다.

간의 삶 자체를 관리하는 이른바 '생명정치[Biopolitics]'로 진화했다고 보았습니다. 즉 권력은 개인의 몸과 집단의 생명을 통계적으로 관리하며, 인구와 건강, 노동, 소득 등을 규율합니다. 이 맥락에서 화폐는 단순히 재화의 등가물에 그치지 않고, 삶을 관리하고 통제하는 매개입니다. 따라서 화폐는 곧 생명정치가 작동하는 가장 일상적이고 구체적인 장치인 것입니다.

현대 사회에서 '개인은 화폐를 통해 자신의 생존을 보장'받고, 동시에 '금융 제도 속에서 끊임없이 평가되고 관리'되는 존재입니다. 말하자면 신용 점수는 물론 금융에 대한 이력, 소비 패턴 등은 모두 화폐를 매개로 한 '삶의 데이터'가 되며, 이를 통해 '권력은 개인의 자유와 선택을 관리하게 됩니다. 따라서 화폐는 단순히 경제적 교환의 수단을 넘어, 권력이 생명을 조직하고 삶을 통제하는 장치로 기능하는 것입니다.

이를 푸코적 관점에서 보면, 화폐는 권력과 신뢰의 접점을 이루는 핵심 매개임을 알 수 있습니다. 이는 시민이 국가를 신뢰하는 방식인 동시에, 국가는 시민의 삶을 규율하는 방식입니다. 결국 화폐는 경제적 실체를 넘어, 사회적 신뢰와 권력의 형성을 동시에 보여주는 철학적 장치라 할 수 있습니다. 따라서 화폐는 단순 경제 구조 속에서만 작동되는 것이 아닌, 삶의 전 영역에 스며들어 작동하는 방식이라 하겠습니다.[10]

---

[10] 이처럼 현대 사회에서 화폐를 이해하는 것은, 정치철학적 사유와 분리될 수 없음을 의미한다.

3. 자유와 화폐

1) 하이에크의 탈국가적 화폐

하이에크[11]는 국가가 독점해온 화폐 발행권을 강하게 비판했습니다. 그의 눈에 국가가 발행권을 쥐고 있는 한, 화폐는 결코 중립적이지도, 안정적이지도 않았습니다. 왜냐하면 국가는 화폐 발행을 '통화정책'이란 미명하에 자의적으로 조정하며, 때로는 정치적 이해관계나 단기적 경기 부양을 위해 화폐 공급을 남용하기 때문입니다. 결과는 필연적으로 인플레이션과 자산 가격 왜곡, 국민 경제의 불안정으로 귀결됩니다.

하이에크의 관점에서 화폐란, 단순한 기술적 도구가 아닌 권력의 핵심 수단이었고, 국가권력은 이 도구를 통

---

11) 하이에크(Hayek : 1899~1992)는, 영국의 정치철학자이자 경제학자다. 신자유주의 아버지로 불린다. 1974년, 「화폐와 경제 변동에 관한 연구」로, 노벨 경제학상을 수상했다. 그는 '화폐적 경기론'과 '중립적 화폐론'을 전개했고, 자유주의의 입장에서 계획경제에 반대했다. 사회주의 및 전체주의, 좌파의 경제 정책을 비판하고, 케인스 이론에 대항하여 자유시장 경제 체제를 옹호했다.

해 구성원을 통제하고 재분배하며 정치적 목적을 달성해 왔습니다. 따라서 화폐 가치가 제대로 보장되기 위해선 화폐를 시장의 자율적 경쟁 속에 두어야 한다고 주장했습니다. 즉 화폐를 하나의 상품으로 취급해 여러 주체가 발행하고 유통하게 함으로써 자연스럽게 화폐를 '선택할 수 있도록 하자'는 것입니다.

이런 논리는 고전 자유주의가 강조한 '보이지 않는 손'의 질서와 맞닿아 있으며, 국가가 아닌 시장 메커니즘이 화폐의 가치를 가장 공정하게 심판할 수 있다는 확신을 반영합니다. 그는 『화폐의 탈국가화』에서 다수의 민간 화폐가 자유롭게 경쟁하는 질서를 상정했습니다. 은행이나 기업 혹은 개인이 서로 다른 화폐를 발행할 수 있고, 시장 참여자들은 경험과 신뢰를 통해 어떤 화폐를 사용할지 선택하게 되는 것입니다.[12]

여기서 불안정하고 신뢰를 잃은 화폐는 자연스럽게 시장에서 도태될 것이고, 안정적이고 가치가 보장되는 화폐는 오히려 크게 확산될 것입니다. 하이에크는 이런 경

---

12) 이 관점에서 화폐는 '국가권력의 도구'가 아닌, '개인과 시장의 자율성을 반영하는 탈국가적 제도'로 재구성된다.

쟁질서야말로 오히려 단일 국가 화폐 체제보다 훨씬 더 효율적이고 건전한 화폐 질서를 가능하게 한다고 본 것입니다. 결국 그의 구상은 국가 중심의 화폐 체제를 넘어, 다원적이고 경쟁적인 화폐 체제, 즉 탈국가적 화폐 질서의 가능성을 제시한 것입니다.[13]

2) 개인의 자율성과 교환의 윤리

화폐는 단순한 교환의 매개 수단을 넘어, 개인의 자유와 자율을 구체적으로 구현하는 장치로 작동합니다. 화폐를 소유한 개인은 원하는 것을 선택할 수 있고, 삶의 영역을 능동적으로 설계할 수 있습니다. 가령 교육이나 소비, 문화 활동 등 다양한 선택은 화폐를 매개로 가능해집니다. 이는 곧 화폐가 물질적 욕망을 충족시키는 정도를 초월, 개인의 존재 방식과 삶의 자유를 실질적으로 뒷받침하는 기반임을 뜻합니다.

---

[13] 하이에크의 이와 같은 주장은 오늘날 비트코인과 같은 분산형 디지털 화폐의 등장과 맞물려 다시금 주목받고 있다. 20세기 후반 자유주의 경제학의 급진적 상상력이 21세기 디지털 혁명 속에서 어떻게 현실성을 얻어가고 있는지를 잘 보여준다.

또 화폐는 타인과 교환을 수행하며, 이 과정에서 사회적 관계를 맺고 공동체적 삶을 영위합니다. 이처럼 교환은 효율적 분업과 자원의 배분을 가능하게 합니다. 하지만 이것이 경제학적 효율성에만 머문다면 인간적 삶의 깊이를 결코 담보하지 못할 것입니다. 따라서 교환은 항상 윤리적 기준과 더불어 성립해야 합니다. '공정한 가치'와 '정의로운 거래'가 확보되지 못한다면 불평등을 확대하는 매개로 전락할 것입니다.

   이 지점에서 화폐는 자유와 윤리의 긴장 관계를 드러냅니다. 개인의 자율은 존중되어야 하나, 자율이 무제한으로 확장될 경우 타인의 권리와 존엄을 침해할 수 있습니다. 따라서 화폐를 통한 자율은 언제나 윤리적 균형 감각 속에서 조정되어야 합니다. 이는 아리스토텔레스의 중용[14]의 원리와 연결되고, 칸트의 의무윤리[15]처럼 타인

---

14) 아리스토텔레스는 기본적으로 '인간 삶의 목적을 행복'이라 규정했다. 여기서 '행복한 삶'이란, 오로지 쾌락적이거나 무절제한 삶이 아니다. 이런 삶은 결국 더 큰 고통을 동반하기 때문이다. 따라서 '아리스토텔레스의 중용(中庸)'은 '쾌락과 도덕 사이에서 균형을 잃지 않는 것'을 가리킨다. 참고로 아리스토텔레스의 중용은 양극단을 피하는 것이다.

15) 칸트(Kant : 1724~1804)의 윤리 이론은 여러 이유로 의무론적으로 여긴다. 첫째, 칸트는 도덕적이고 올바른 방식으로 행동하기 위해선 사람들이 의

을 결코 단순한 수단이 아닌, 목적으로 대우해야 한다는 규범과도 맞닿게 하고 있습니다.

결국 '화폐'는 개인의 자율성을 확보하는 담보가 됩니다 다만 '자율'은 타인의 권리와 사회적 정의를 침해하지 않도록 스스로 성찰하게 하는 기제가 됩니다. 따라서 교환 속에서 인간은 단순히 경제적 행위자가 아닌 도덕적 주체로 서게 되며, 이 과정에서 화폐는 윤리적 실천과 사회적 정의를 시험하는 거울로도 작용합니다. 아울러 화폐는 자유를 실현하는 도구이자, 교환의 윤리를 시험하는 장치로도 이해될 수 있습니다.

무에 따라 행동해야 한다고 주장한다. 둘째, 칸트는 행동의 결과가 옳고 그름을 결정하는 것이 아닌, 그 행동을 하는 사람의 동기라 주장했다.

Ⅲ. 비트코인(Bitcoin)과 인간 존재

1. 존재론적 차원

1) 코드가 법[Code is Law]이란 선언

비트코인의 세계에서 '코드가 법[Code is Law]'[16]이란 선언은, 단순한 기술적 규칙을 뛰어넘습니다. 인간 사회의 근본적 질서를 다시 확인하는, 즉 새로운 존재론적 패러다임을 드러냅니다. 전통적으로 법은 입법부나 행정부 등 국가의 권위적 장치에 의해 제정되고 집행되어왔습니다. 말하자면 사람들이 서로의 합의와 권위를 통해 규범을 만들고, 이를 강제할 제도를 구축함으로써 '사회 질서를 유지'해 왔던 것입니다.

---

16) 여기서 코드(Code)란, 대표적으로 암호, 부호, 바코드, 프로그램의 소스 코드 등을 가리킨다. 라틴어 어원으로 올라가면 '코덱스(Kodex)'는 책, '코드(Code)'는 규범[법]을 의미하는데, 이 뜻이 확장되면서 현대에 이르렀다.

하지만 비트코인의 경우, 인간의 언어적 합의가 아닌, '알고리즘과 코드'에 의해 유지됩니다. 여기서 중요한 점은 코드가 단순히 프로그램적 지침이 아닌, 실제로 인간 행위를 규율하고 제한하는 이른바 '실질적이고 법적인 힘'을 행사한다는 사실입니다. 사용자는 코드에 의해 정해진 규칙을 따르지 않는다면 결코 네트워크에 참여할 수 없고, 참여하지 않는다면 경제적이고 사회적 관계에서 완전 배제될 수밖에 없습니다.

이처럼 알고리즘은 선택적 옵션이 아닌 강제적이고 구속력을 가진 규범이라 할 수 있습니다. 이런 변화는 법과 기술, 인간과 기계의 관계를 근본적으로 재편합니다. 과거엔 법이 기술을 규제하고 인간이 기술을 통제하는 구조였다면, 이젠 기술이 곧 법의 역할을 수행하며 인간의 자유와 행동 양식을 규제합니다. 이는 단순 기능적 전환이 아닌, 사회 질서의 기반이 수학적이고 기술적 합의로 완전 탈바꿈되는 것입니다.

이를 법철학적으로 본다면, '규범의 근원'[17]을 인간의

---

17) 법철학에서 규범(規範)의 근원(根源)은 이렇게 해석될 수 있다. 첫째, 도덕적이고 자연적 질서[자연법], 둘째, 제도적 권위와 사회적 사실[법실증주

도덕적, 정치적 합리성에서 알고리즘적 필연성으로 이동시키는 혁명적 사건인 것입니다. 결국 '코드가 법[Code is Law]'이란 선언은 기술의 중립성을 넘어서는 강한 정치철학적 함의를 지닙니다. 인간 사회가 더 이상 국가와 제도의 권위에만 의존하지 않고, 탈중앙화된 코드와 프로토콜[18]을 통해 새로운 질서를 만들어낼 수 있다는 '가능성을 열어 보여주는 것'입니다.[19]

2) 기술과 인간 자유의 경계

비트코인은 분명 자유의 새로운 지평을 열어주는 도구입니다. 국경과 제도의 장벽을 넘어, 누구나 자신의 지

의], 셋째, 권력 구조와 사회적 맥락[비판적 법학], 넷째, 합리적 담론과 절차[하버마스] 등으로 나눠볼 수 있다. 이를 블록체인과 비교하면, '코드가 법[Code is Law]'이란 규범의 근원은 전통적 권위나 도덕이 아닌 기술적 프로토콜에 두고 있다는 점에서 법철학적으로 매우 독특한, 그야말로 새로운 지평이라 할 수 있다.

18) 프로토콜(Protocol)은, 컴퓨터와 컴퓨터 사이 또는 한 장치와 다른 장치 사이에서 데이터를 원활히 주고받기 위해 약속한 여러 가지 규약(規約)을 말한다. 이 규약엔 신호 송신의 순서, 데이터의 표현법, 오류 검출법 등이 있다.

19) 이 지점에서 우리는 '법과 권력', '기술과 자유'가 서로 교차하며 건설되는 미래 사회의 새로운 윤곽을 목격하게 된다.

갑을 통해 자산을 관리하고, 검열 없는 거래를 수행할 수 있다는 점에서 전통적 금융 시스템이 결코 제공하지 못했던 해방적 느낌을 제시합니다. 이는 국가와 은행, 제3자의 승인에 의존하지 않고 개인이 스스로 자신의 경제적 운명을 개척할 수 있는 길을 마련해 준다는 점에서 분명 자유의 확대를 의미합니다.

하지만 비트코인은 자유를 무한정 보장하진 않습니다. '네트워크의 합의 규칙', '암호학적 알고리즘', '프로토콜의 설계'는 인간이 만든 것이지만 일단 작동하기 시작하면 인간이 임의로 바꿀 수 없는 강력한 규율의 틀을 형성합니다. 즉 개인은 국가 권위에서 벗어나는 대신 코드와 네트워크가 정한 규칙에 복속됩니다. 이는 분산된 알고리즘과 수학적 질서 속에서 은밀하고도 강력한 규율권력으로 작동될 수 있습니다.

이런 점에서 비트코인은 '자유와 구속'이란 이중성의 얼굴을 지니고 있습니다. 한편으론 기존 권력으로부터의 해방을, 다른 한편으론 새로운 형태의 기술적 규율을 의미합니다. 따라서 우리가 누리는 자유는 늘 '조건부 자유'임을 자각하게 합니다. 인간은 기술을 통해 자유를 확장하지만, 동시에 이 기술에 의해 새로운 방식으로 다시 규율되고, 때로는 이 기술의 설계에 따라 '인간의 행위와 선택이 제한'되기도 합니다.

결국 비트코인은 우리에게 근본적인 성찰을 요구합니다. 즉 진정한 자유는 단순히 외부의 억압에서 벗어나는 것에서만 존재하는 것이 아닌, 인간이 스스로 기술과의 관계를 자각(自覺)하고, 그 경계를 설정할 수 있을 때 비로소 가능해지는 것일 수 있습니다. 따라서 비트코인은 탈중앙화적인 금융 혁신을 넘어, 인간과 기술, 자유와 규율 사이의 긴장 관계를 백번 천번 다시 사유하도록 하는 철학적 거울인 셈입니다.

2. 인식론적 차원

1) 비트코인과 신뢰의 구조

비트코인은 무엇보다 '신뢰[Trust]의 구조적 전환'을 보여주는 대표적 사례입니다. 전통적 화폐 질서에서 신뢰란 국가권력과 금융 제도에 대한 의존을 전제로 합니다. 개인은 국가가 발행하는 법정화폐의 가치를 신뢰하고, 금융의 회계와 결제 시스템을 통해 거래의 안정성을 확보해 왔습니다. 하지만 이런 신뢰는 항상 '정치적 이해관계와 인플레이션, 금융위기'와 같은 외부 요인에 의해 훼손될 위험을 안고 있습니다.

국가와 금융기관이 독점하는 중앙 집중적 권위는 신뢰의 보증자가 되는 동시에, 그 자체가 불신의 원인이 되기도 합니다. 비트코인은 이와 같은 '제도적 신뢰 구조를 근본적으로 뒤흔들고' 있습니다. 중앙 권력에 대한 일방적 의존을 대신하여, 수많은 참여자가 분산된 네트워크에서 합의[Consensus]를 통해 거래를 검증하고 유지합니다. 여기서 신뢰는 '누가 보증하는가?'가 아닌 '어떻게 검증되는가?'의 문제로 전환됩니다.

즉 '암호학적 알고리즘', '분산장부', '작업증명' 혹은 '지분증명'과 같은 기술적 장치들이 신뢰의 매개 역할을 담당하는 것입니다. 또한 신뢰는 '제도적 권위에서 기술적 절차'로, '권력의 약속에서 수학적 증명'으로 이동하게 됩니다. 이런 변화는 단순한 금융 기술의 혁신을 넘어 '신뢰의 철학적 의미를 새롭게 정의하는 계기'를 마련합니다. 다시 말해 신뢰(信賴)란 인간 사회의 가장 근본적인 관계적 토대를 의미합니다.

가령 종교와 정치, 경제 등 모든 제도는 궁극적으로 '누구를 믿을 것인가?'라는 질문 위에 세워져 왔습니다. 그런데 비트코인은 '무엇을 믿을 것인가?'로 의식을 바꾸어 놓습니다. 다시 말해 특정 권위자나 제도가 아닌, '수학적 증명과 기술적 합의'란 객관적이고 탈인격적인 장치가 신뢰의 근거가 되는 것입니다. 결국 비트코인은 신뢰의 구조를 '인간과 제도적 권위'에서 '기술과 합의적 메커니즘'으로 전환시킨 것입니다.[20]

---

[20] 이 과정에서 인간 사회가 오랫동안 의존해 온 신뢰의 철학을 다시 쓰게 한다. 이는 단순히 '금융의 혁신'이 아닌, 사회적 신뢰에 대한 근본적 인식론적 전환이라 할 수 있다.

2) 블록체인과 분산된 진리

블록체인(Blockchain)은 흔히 '분산 장부[Distributed ledger]'라고 정의하지만, 철학적 함의는 단순한 장부 관리의 기술적 혁신을 뛰어넘습니다. 이는 무엇보다도 '기록[Record]의 불가역성'과 '참여자 간의 합의[Consensus]'라는 두 가지 원리를 통해 새로운 진리의 구조를 제시합니다. 블록체인에 기록된 정보는 한번 합의되면 누구도 임의로 수정하거나 삭제할 수 없으며, 모든 참여자들이 동일한 사본을 공유합니다.

이로써 블록체인은 단순한 거래 내역의 집합이 아닌, 공동체 전체가 함께 참여하고 유지하는 '분산된 진리[Decentralized Truth]'의 장치로 기능하게 됩니다. 여기서 전통적인 진리(眞理)는 특정한 권위에 의해 보장되어 왔습니다. 가령 종교적 진리는 신적 계시나 교단의 권위에 의해, 정치적 진리는 군주나 국가 제도의 권위에 의해, 학문적 진리는 전문가 집단이나 제도적 학계의 승인에 의해 진리로 인정되었습니다.

하지만 이런 권위 기반의 진리 체계는 언제든 권력 남

용이나 이해관계(利害關係)에 따라 왜곡(歪曲)이 됨으로써 훼손될 수 있다는 한계를 지니고 있는 것이 사실입니다. 진리란 결국 '누가 그것을 말했는가?'에 따라 좌우되었고, 이로 인해 진리와 권력은 서로 긴밀히 얽히고설키는 구조가 형성되었습니다. 이에 비해 블록체인은 '누가 진리를 말하는가?'가 아닌 '어떻게 진리가 합의되는가?'라는 새로운 질문을 내놓습니다.

이제 '블록체인에서의 진리'는 특정 권위자의 선언이 아닌, 네트워크 참여자 모두가 '수학적이고 기술적인 절차를 거쳐 확인하고 공유하는 결과물'을 가리킵니다. 다시 말해 블록체인은 '주어진 진리'를 따르는 것이 아닌, '합의된 진리를 생산하는 메커니즘(Mechanism)'인 것입니다. 이때 진리란 더 이상 제도적 권위에 의해 외부에서 주어지는 것이 아닌, 참여자들의 동등한 검증 과정 속, 즉 내부에서 생성되는 것입니다.

따라서 블록체인은 단순한 기술적 장치가 아닌, '인식론[Epistemology]의 지평(地平)을 새롭게 여는 실험'과 같습니다. '누가 진리를 말할 권리를 가지는가?'라는 오래된 철학적 질문은 이제 블록체인의 맥락에서 '어떤 절차와 합의가 진리를 성립시키는가?'라는 문제로 재구성되는 것입니다. 이것은 곧 진리를 권력으로부터 해방시키려는 시도이며, 기술적 합의 위에 세워진 새로운 진리체계의 가능성을 보여주는 것입니다.

3. 윤리적 차원

1) 투기와 탐욕, 자유, 책임

비트코인은 탄생 이후 줄곧 '양가적(兩價的) 상징'으로 존재합니다. 한편에선 단기간의 급격한 가격 변동과 이를 좇는 군중 심리로 투기의 아이콘으로 불립니다. 즉 '비트코인으로 한순간에 부자가 된다.'는 서사는 세상 사람들을 시장으로 끌어들이는 기제가 되나, 불안정한 가격 변동성은 불신과 우려를 낳습니다. 다른 한편으론 비트코인이 중앙 권력과 제도적 구속에서 벗어난, '자유와 자율의 가능성을 제시'합니다.

가령 개인이 은행이나 정부의 통제를 받지 않고도 자산을 직접 보관하고 이전할 수 있다는 점에서, 비트코인은 금융적 자율성의 새로운 장을 연 것입니다. 하지만 이런 자유는 무한하지 않습니다. '자유란 항상 책임'을 동반하기 때문입니다. 여기서 개인이 비트코인을 투자하는 것은 단순히 개인적 이익을 극대화하는 차원을 뛰어넘습니다. 그리고 시장의 과도한 투기적 행위는 네트워크 전체에 불안정성을 야기합니다.

이렇게 되면 공동체가 의존하는 '신뢰의 기반을 훼손'하는 결과를 초래합니다. 따라서 비트코인을 둘러싼 '자유로운 선택은 공동체적 책임과 바로 연결'됩니다. 이 지점에서 비트코인은 '윤리적 성찰의 거울'이 됩니다. 개인의 선택은 곧 사회적 파급 효과를 낳고, 이는 다시 공동체의 신뢰 구조에 크게 영향을 미칩니다. 이 때문에 비트코인을 단순히 개인적 '투자 수단'으로만 볼 수 없는, '합리적 이유'라 하겠습니다.

다시 말해 이것은 '개인의 행위가 어떻게 사회적 정의를 형성하는가?'라는 철학적 질문을 던지는 매개체가 됩니다. 즉 '자유로운 경제 활동'은 공동체의 정의로운 질서를 구성하거나 무너뜨릴 수 있는 잠재적 힘을 내포합니다. 결국 비트코인은 '탐욕과 자유, 책임과 정의가 교차하는 철학적 장(場)으로 기능'하게 합니다. 이는 개인의 행위와 사회적 결과 사이의 긴밀한 연관이며 윤리적 과제를 직면하게 하는 도구입니다.[21]

---

[21] 이런 맥락에서, 비트코인은 우리에게 투기적 욕망을 경계하는 동시에, 자유를 책임 있게 행사하는 새로운 윤리적 패러다임을 요구한다고 할 수 있다.

2) 공리주의 vs 칸트 윤리 vs 블록체인 윤리

비트코인을 둘러싼 윤리적 논의는 기존의 철학적 틀을 경유하면서도 동시에 새로운 윤리적 지평을 열어 보입니다. 우선 공리주의[Utilitarianism]의 관점에서 비트코인을 살펴보면, '최대 다수에게 최대의 효용을 제공하는가?'입니다. 비트코인이 가져오는 이익은 일부 개인에겐 엄청난 부(富)와 자유를 의미하지만, 동시에 시장의 불안정성과 투기적 요소[광풍]는 다수의 손실과 '사회적 불평등을 초래'할 수도 있습니다.

따라서 공리주의적 평가 속에서의 비트코인은 '집단 전체의 행복을 증진시키는 수단인가?' 아니면 '소수의 탐욕을 위한 장치인가?'라는 문제에 직면하게 됩니다. 다음으로 칸트 윤리학[Kantian Ethics]의 틀을 적용해 보면 문제는 더 본질적인, 즉 도덕적 차원으로 옮겨갑니다. 칸트는 인간을 단순한 수단이 아닌 목적으로 존중해야 한다고 강조합니다. 이는 타인을 존엄한 인간으로 인정해야 한다는 의미입니다.[22]

---

22) 칸트 도덕철학의 핵심은 '정언명령(定言命令)'이다. 즉 조건 없는 도덕법칙으로, 모든 사람이 보편적으로 따라야 할 원칙을 뜻한다. 대표적 명제를 보

그렇다면 우리는 비트코인을 그저 이익을 추구하는 도구, 즉 '투자의 수단'으로만 다루고 있는 것은 아닌가? 혹은 블록체인 기술이 지닌 자유와 자율의 가능성을 '인류 공동체의 존엄과 권리를 확장하는 목적(目的)'으로 대할 수 있는 것인가? 칸트적 맥락에서 비트코인은 인간을 위한 수단에 머물지 않고, 인간 자유의 확장을 가능하게 하는 '윤리적 목적'으로 자리매김할 수 있는지를 묻는 중요한 시험대가 되는 것입니다.

마지막으로 기존의 철학적 틀만으로 설명하기 어려운, 즉 블록체인 윤리(Blockchain Ethics)라 칭할 만한 새로운 차원을 상상할 수 있습니다. 블록체인은 특정 권위자나 제도에 의해 강제되는 도덕 원리가 아닌, 참여자들이 기술적 합의 과정을 거쳐 자율적으로 만들어 가는 집단적 규범을 전제로 합니다. 따라서 지금 제기되는 질문은 '분산된 네트워크와 합의(合意)가 새로운 도덕적 원리로

면, "너의 행위가 동시에 보편적 법칙이 될 수 있도록 행동하라.", "인간을 수단이 아닌, 그 자체를 목적으로 대우하라." 같은 경우다. 이는 타인을 단순히 이용하거나 계산하는 존재로 대하지 말고, 존엄한 인간으로 인정해야 한다는 의미다.

작동할 수 있는가?'입니다.

　즉 블록체인은 전통적 윤리학이 강조하는 개인적 규범이나 법률을 넘어, '집단적 참여와 기술적 절차를 기반으로 한 새로운 도덕적 생태계'를 구축할 가능성을 보여줍니다. 따라서 비트코인을 둘러싼 윤리적 논의는, 철학의 연장선에 머물지 않습니다. 곧 공리주의가 제기하는 결과 중심의 물음, 칸트 윤리가 던지는 행위와 의무의 물음, 블록체인 윤리가 제시하는 분산된 합의와 집단적 책임의 윤리학이 교차함을 봅니다.[23]

---

[23] 결국 비트코인은 단순한 화폐 기술을 넘어, '우리는 어떤 윤리적 원리에 기초해 새로운 사회 질서를 만들어 갈 것인가?'라는 21세기적 과제를 드러내는 거울이라 할 수 있다.

Ⅳ. 비트코인의 탄생과 사상적 배경

1. 사토시 나카모토의 선언

1) 탈중앙화의 철학적 의미

2008년 글로벌 금융위기 직후, 사토시 나카모토(Satoshi Nakamoto)는 「비트코인 : P2P 전자화폐 시스템」이란 백서(白書)를 통해 새로운 화폐 질서를 제안했습니다. 핵심은 탈중앙화입니다. 말하자면 국가와 은행 같은 중앙 권력에 의존하지 않고, 분산된 네트워크가 신뢰를 보장하는 시스템을 내놓은 것입니다. 이는 권력의 집중에 대한 불신이자, 개인의 자율성과 자유를 옹호하는 철학적 선언이라 할 수 있습니다.

사토시 나카모토에 대해 살펴봅니다. 그는 비트코인의 창시자로 알려진 인물이지만, 아직까지 정확한 실체는 드러나지 않았습니다. 몇 가지로 나눠보겠습니다. 첫째,

'정체'입니다. 그는 앞서 언급했듯 2008년 10월, 「비트코인 : P2P 전자화폐 시스템(Bitcoin : A Peer-to-Peer Electronic Cash System)」이란 백서를 암호학 커뮤니티 메일링 리스트에 공개했습니다. '탈중앙화의 새로운 화폐 질서를 제안'한 것입니다.

이후 2009년 1월, 최초의 비트코인 소프트웨어(Bitcoin Software)를 배포하고, 이른바 제네시스 블록(Genesis Block)을 채굴(採掘)했습니다. 그리고 2010년까지 비트코인 개발 논의에 참여하다 이메일과 포럼 등 활동을 완전히 중단하고 역사 속으로 사라졌습니다. 둘째, '미스터리한 정체성'입니다. '사토시 나카모토'란 이름은 일본식이지만, 실제 국적이나 성별, 개인인지 집단인지 여부는 전혀 확인되지 않고 있습니다.

하지만 그가 사용한 영어 문체 분석이나 개발 활동 시간대, 기술적 배경 등을 토대로 추측하면 영국 혹은 미국에 기반한 프로그래머일 가능성이 높다고 봅니다.[24]

---

24) 일각에선 할 피니(Hal Finney), 닉 재보(Nick Szabo), 크레이그 라이트(Craig Wright) 등이 사토시 나카모토로 거론되긴 했으나 결정적인 증거는 없다.

셋째, '철학과 동기'입니다. 비트코인 백서에서 사토시는 중앙은행과 금융기관에 대한 불신(不信)을 분명히 하고 있습니다. 따라서 2008년 금융위기의 혼란 속에서, 제도권 금융 대신 암호학과 분산 네트워크에 기반한 '새로운 신뢰 체계를 제시'한 것입니다.

이는 단순 기술적 발명이 아닌, 철학적이자 정치적인 선언으로 해석됩니다. 넷째, '영향'입니다. 비트코인은 사토시의 아이디어에서 출발해 전 세계적인 금융과 기술혁신의 불씨가 되었습니다. 2025년 현재, 사토시가 보유한 초기 비트코인[25]은 거의 움직이지 않고 있으며, 이는 '비트코인의 신화'를 더욱 강화하는 기제가 되고 있습니다. 즉 사토시 나카모토는 철학자이자 혁신가로, '21세기 최대의 수수께끼 인물'입니다.

2) 암호학과 수학적 신뢰

사토시 나카모토는 신뢰를 보장하기 위해 암호학적

---

[25] 사토시가 보유한 비트코인은 대략 100만 개 정도로 추정되고 있다.

기술[Cryptographic Technology]을 활용했습니다. 잠시 암호학적 기술에 대해 살펴보겠습니다. '암호학적 기술'이란 정보의 기밀성과 무결성을 보장하기 위해 고안된 수학적이고 계산학적인 방법을 통칭합니다. 특히 비트코인 체계는 공개키 암호[Public-key Cryptography]와 해시 함수[Hash Function] 그리고 디지털 서명[Digital Signature]을 핵심으로 활용합니다.

여기서 '공개키 암호'는 거래 참여자가 자신만이 소유한 개인키[Private-key]로만 특정 메시지를 복호화[Decryption][26]할 수 있게 함으로써, 거래의 진위와 소유권을 보증합니다. 해시 함수는 입력값을 고정된 길이의 출력값으로 변환하는 일방향 함수로, 비트코인에선 블록체인의 연속성과 불가역성을 보장합니다. 디지털 서명은 거래자가 실제로 해당 비트코인의 소유자임을 증명하며, '위·변조를 원천적으로 방지'합니다.

---

[26] 복호화[Decryption] 또는 디코딩[Decoding]은 부호화[Encoding]된 정보를 부호[Code]화되기 전으로 되돌리는 처리 혹은 그 처리 방식을 말한다. 보통은 부호화의 절차를 역으로 수행하면 복호화가 된다. 즉 암호화[Encryption]의 반대말로 해독(解讀)이라 부른다.

이와 같은 암호학적 장치들은 기존의 화폐 제도가 국가와 은행과 같은 중앙 권력에 의존하여 신뢰를 확보한 방식과는 달리 분산된 합의 메커니즘(Mechanism) 위에서 신뢰를 구현하는 구조입니다. 즉 중앙기관의 권위 대신, 수학적 증명과 분산된 합의 알고리즘이 거래의 정당성을 보장하는 것입니다. 이로써 화폐는 제도적 약속에서 기술적 확실성으로 전환되었으며, 이는 '신뢰의 기술적 전환'으로 칭할 만한 일입니다.[27]

---

27) 이처럼 암호학은 단순한 보안 기술이 아닌, 새로운 사회적 신뢰의 토대가 된 것이다. 즉 비트코인은 암호학을 통해 '신뢰의 기술적 전환'을 제도화한 최초의 실험이라 할 수 있다.

2. 사이퍼펑크(Cypherpunk) 운동과 자유주의

1) 프라이버시와 자율, 권력 저항

비트코인은 어느 날 갑자기 등장한 것이 아닙니다. 이미 수십 년 전부터 축적되어 온 사상과 역사적 흐름의 결실로 이해해야 합니다. 뿌리엔 1990년대에 활발히 전개된 이른바 '사이퍼펑크(Cypherpunk) 운동'이 자리하고 있습니다. 사이퍼펑크들은 인터넷의 확산과 함께 국가권력과 대기업의 감시, 데이터 독점이 강화되는 현실에 문제의식을 가졌습니다. 이들에게 개인의 프라이버시는 단순한 권리가 아니었습니다.

즉 '자율적 인간 존재를 보장하는 근본 조건'으로, 프라이버시 상실은 곧 자유의 상실로 간주되었습니다. 이 운동에서 핵심적 수단으로 등장한 것이 바로 암호학[Cryptography]이었습니다. 따라서 사이퍼펑크들에게 있어 암호학은 단순 기술적 수단이 아닌, 권력에 맞서는 하나의 '정치·철학적 무기'였습니다. 암호학을 통해 개인은 스스로 자신의 정보를 보호함은 물론 외부의 통제나 간섭으로부터 벗어날 수 있었습니다.

다시 말해 암호학은 개인의 자율[Self-governance]을 보장하는 도구이자, 권력의 일방적 감시에 대한 '저항의 상징'이었던 셈입니다. 사이퍼펑크들이 외쳤던, '프라이버시는 권력으로부터의 자유다.'라는 구호는 이런 맥락에서 나왔습니다. 그리고 비트코인은 이런 사이퍼펑크들의 사상적 토양에서 탄생했습니다. 즉 사토시 나카모토가 2008년 비트코인 백서를 발표했을 때 이는 단순 '금융 기술의 발명'이 아니었습니다.

바로 '디지털 권력 구조에 대한 철학적 선언'이었던 셈입니다. 은행을 통하지 않고도 개인이 직접 거래할 수 있는 시스템, 국가의 화폐 발행 독점에 종속되지 않는 통화(通貨), 중앙 권위 없이도 유지되는 신뢰 구조는 사이퍼펑크들이 지향한 '프라이버시와 자율, 저항의 정신'을 계승한 것입니다. 따라서 비트코인은 단순한 투자 수단이나 거래의 기술을 넘어서는, 즉 디지털 시대의 권력에 도전하는 상징으로 자리합니다.

이는 데이터 권력이 강화되고, 감시 자본주의가 일상

화된 현대사회에서, 개인이 어떻게 '스스로의 자유를 지켜낼 수 있는지'를 묻는 하나의 응답이기도 합니다. 즉 비트코인은 금융적 혁신을 넘어 '정치적 저항의 철학적 장치'로, 21세기 자유 개념을 새롭게 정의하는 일대 사건이라 할 수 있습니다. 아울러 비트코인은 단순한 기술이 아닌, 자유와 권력의 관계를 재편하는 '새로운 문명적 대전환'으로 읽힐 수 있습니다.

2) 닉 재보(Nick Szabo)와 화폐의 기원

사이퍼펑크 운동 내부에서도 특히 주목할 만한 인물을 꼽자면 역시 닉 재보(Nick Szabo)를 빼놓을 수 없습니다. 그는 단순히 암호학적 기술에 머무르지 않고, 화폐의 기원과 사회적 의미에 대한 깊은 철학적 통찰을 제시한 사상가였습니다. 재보가 제안한 '비트 골드(Bit Gold)' 개념은 오늘날 비트코인으로 이어지는 사상적 단초라 할 수 있습니다. 비트 골드는 디지털 환경에서 '금(金)의 특성을 재현하는 시도'입니다.

즉 희소성과 분할 가능성, 위조 불가능성을 갖춘 새로

운 형태의 화폐를 상상할 수 있습니다. 그는 이 과정을 통해 '화폐란 단순한 교환 수준을 넘어, 사회적 신뢰를 제도화하는 장치'라는 통찰력을 유감없이 발휘합니다. 여기서 주목할 점은 닉 재보의 주장이 기존 경제학의 관점과는 확연히 다르다는 것입니다. 전통 경제학은 화폐(貨幣)를 주로 교환의 매개 내지는 회계 단위 그리고 가치저장의 기능으로만 분석합니다.

하지만 닉 재보는 한 걸음 더 나아가, '화폐를 사회적 협력[Social Coordination]을 가능하게 하는 제도적 장치'로 이해했다는 사실입니다. 화폐야말로 인간 사회가 불확실성(不確實性)과 불신(不信)을 극복하기 위해 고안해 낸 '신뢰의 매개물'이란 것입니다. 이런 맥락에서 그는 중앙 권력에 의존하지 않고, 분산된 네트워크와 암호학적 증명 위에서 이런 신뢰의 장치를 구현할 수 있는지를 두고 '궁리하고 탐색'했습니다.

비트 골드가 실제로 완성되거나 널리 사용되진 못했으나 그의 구상은 후일 사토시 나카모토의 비트코인 설계에 중요한 철학적 토대를 제공합니다. 이에 사토시의 비트코인은 새로운 화폐의 발명이 아닌, 재보의 '화폐 기원론을 기술적으로 실현한 사건'으로 이해할 수 있습니다. 재보가 '상상'한 문제의식, '화폐는 어떻게 신뢰를 제도화할 수 있는가?'라는 물음을 사토시가 암호학과 블록체인 기술을 통해 구현한 것입니다.

다시 말해 '사토시의 비트코인'은, '닉 재보의 비트 골드 구상을 계승하고 발전시킨 역사적 결실'이자, 인류가 '중앙 권력이 아닌 분산 네트워크 위에서 새로운 신뢰 질서를 구축할 수 있다는 가능성을 실증한 일대 사건'이라 평가할 수 있습니다. 이는 단순한 기술적 혁신을 넘어, 화폐의 본질과 기원에 대한 철학적 논의를, 그것도 디지털 문명 속에서 새롭게 재구성했다는 점에서 의미를 크게 부여할 수 있다 하겠습니다.

3. 비트코인의 사회적 반향

1) 디지털 골드(Digital Gold)

비트코인은 출범 직후부터 '디지털 골드'란 별칭을 얻었습니다. 이는 금(金)과 마찬가지로 희소성(稀少性)이 보장되지만, 금과 달리 네트워크를 통해 '시간과 공간의 제약 없이 전송'이 가능하다는 점에서 비롯된 것입니다. 다시 말해 금은 물리적으로 운송과 보관의 제약을 받는 반면, 비트코인은 암호학적 알고리즘 위에 존재하기 때문에 네트워크에 접속할 수 있는 사람이라면 누구나 어디로든 즉시 전송할 수 있습니다.

이런 특성으로, 비트코인은 교환 매개나 결제 수단을 넘어 가치저장수단[store of value]으로 자리매김한 것입니다. 특히 2008년 글로벌 금융위기 직후, 중앙은행의 대규모 양적완화와 법정화폐의 신뢰가 흔들리면서 '금의 대체재' 혹은 '디지털 시대의 안전자산'으로 부각되었습니다. 금이 역사적으로 교역과 가치 축적의 상징이었다면, 비트코인은 분산된 암호학적 신뢰 구조 위에서 동일한 역할을 수행하는 것입니다.

나아가 비트코인의 '디지털 골드' 성격은 희소성과 이동성의 문제를 넘어, 신뢰 메커니즘의 전환과도 맞물려 있습니다. 금이 자체의 물질적 속성과 사회적 합의에 의해 가치를 획득했다면, 비트코인은 암호학적 기술[공개 키 암호, 해시 함수, 디지털 서명]을 기반으로 공동체적 합의로 유지됩니다. 즉 금이 '물질적 신뢰'에 의존한다면, 비트코인은 '수학적 증명과 네트워크 합의에 의해 유지되는 비물질적 신뢰'에 의존합니다.[28]

2) 새로운 주체로서의 비트코인 유저

비트코인의 등장은 단순히 '기존 화폐 질서에 새로운 도구가 추가된 사건'이 아닙니다. 철학적이고 사회적인 차원에서 완전히 새로운 주체[Subject]의 탄생을 뜻합니다. 전통적으로 개인은 국가가 발행하는 화폐와 금융 제도에 종속된 수동적 존재였습니다. 즉 은행의 계좌개설

---

[28] 이와 같은 점에서 비트코인은 '전자적 화폐'의 차원을 넘어 인류가 처음으로 구현한 '완전한 디지털 희소 자산'이란 의미를 갖는다.

이나 송금, 자산 운용 등 모든 과정은 제도적 권위에 의해 규율되었고, 개인은 이 질서 속에서 제한된 선택만을 할 수밖에 없는 존재였습니다.

하지만 비트코인 유저는 이제 제한된 범주에서 벗어나 국가적, 제도적 틀을 넘어선 이른바 탈국가적 시민[Post-national Citizen]으로서의 모습을 드러냅니다. 비트코인 네트워크에서 사용자는 이제 더 이상 '고객[Customer]'이나 '소비자[Consumer]'가 아닙니다. 이들은 자신의 개인키[Private key]와 지갑[Wallet]을 통해 자산을 직접 소유하고 스스로 관리합니다. 즉 자신이 자산관리의 주체란 점에서 의미가 있습니다.

다시 말해 자산관리의 주권이 '국가나 금융기관에서, 개인으로 이동했다'는 것은, 대단한 사건입니다. 또 단순 자산 보유자를 넘어, 블록체인의 합의 과정에 능동적으로 참여함으로써 네트워크 유지에 기여하는 주체가 된다는 점에서도 그렇습니다. 즉 이들은 화폐의 사용자와 시스템 공동 설계자, 유지자로 기능하는 것입니다. 이 과정에서 비트코인 유저는 '디지털 자유인[Digital Freeman]'이란 정체성을 획득합니다.

아울러 비트코인 유저는 국경이나 제도의 제약을 넘어, 분산 네트워크란 새로운 사회적 장(場)에서 자신의 정체성[Identity]을 구현합니다. 이런 정체성은 근대 국민국가 체제가 규정해 온 '국민[Citizen]'의 개념을 넘어서는 새로운 시민성을 보여줍니다. 다시 말해 비트코인 유저는 중앙권력에 의존하지 않고도 스스로 권리와 책임을 다하는 주체로, 디지털 사회에서 자율적 삶을 영위할 수 있는 존재로 등장한 것입니다.

따라서 비트코인은 단순히 화폐 혁신을 의미하는 것이 아닌, 사회적 주체성[Subjectivity]의 재구성이란 더욱 근본적인 변화를 이끌어냅니다. 개인이 국가와 금융 제도로부터 해방되어, 기술적 합의와 분산 네트워크 위에서 새로운 자유와 권리를 실현하는 과정, 이것이 바로 비트코인 유저가 상징하는 철학적 의미입니다. 이는 곧 '21세기 디지털 문명' 속에서 새로운 사회적 주체의 원형[Prototype]이라 할 수 있습니다.

Ⅴ. 경제적 맥락[비트코인과 금융 패권]

1. 기존 금융 시스템의 한계

1) 중앙은행과 달러 패권

20세기 이후 국제 금융질서는 무엇보다 달러(Dollar)를 중심으로 구축된 질서였습니다. 1944년 제2차 세계대전 말기에 체결된 브레턴우즈 체제[29]는 달러를 금

---

29) 브레턴우즈 체제(Bretton Woods system)는, 브레턴우즈 회의에 따라 구축된 국제 통화 체제를 말한다. 2차 세계대전 종전 직전인 1944년 미국 뉴햄프셔주 브레턴우즈에서 열린 44개국이 참가한 연합국 통화 금융 회의에서 탄생했다. 주요 내용은 협정에 따라 국제통화기금[IMF]과 국제부흥개발은행[IBRD]이 설립되었다. 이는 통화가치 안정, 무역진흥, 개발도상국 지원을 목적으로 하며, 특히 환율을 안정시키는 것이 주요 목표였다. 참고로 미국 달러화를 기축통화(基軸通貨)로 하는 '금본위제(金本位制)'가 눈에 띄는데, 가령 금(金) 1온스를 35달러로 고정시키고, 다른 나라의 통화는 달러에 고정하는 것으로 했다. 하지만 1971년 8월, 닉슨 쇼크 이후 브레튼 우즈 체제는 1973년 초 주요국이 환율을 유동화시킴으로써 국제통화기금[IMF] 체제는 브레튼우즈 체제가 갖추었던 '금본위제'란 기본개념이 크게 변질된, 새로운 국제통화제도로 모습을 바꾸었다.

[Gold]과 직접 연결하고, 다른 국가 통화는 달러에 고정하는 방식으로 설계되었습니다. 이 체제를 통해 미국 달러는 세계의 기축통화(基軸通貨)로 자리를 잡았으며, 이후 국제 무역과 금융 거래의 중심 매개로 기능함으로써 '미국의 패권'은 날로 커졌습니다.

비록 1971년 닉슨 대통령이 금본위제(金本位制)를 중지하면서 브레턴우즈 체제는 붕괴되었지만, 달러는 여전히 '탈금본위(脫金本位) 기축통화'로 막강한 영향력을 행사하고 있습니다. 다시 말해 미국은 달러를 통해 막대한 금융 패권[Financial Hegemony]을 계속해서 누리고 있습니다. 즉 달러는 국제 무역 결제를 비롯한 원유 거래[페트로달러 체제]와 국제 금융시장 및 채권 발행에서 '압도적인 비중을 차지'하고 있습니다.

이는 미국이 자국 통화의 발행을 통해 사실상 전 세계 경제에 영향을 미칠 수 있는 구조를 의미합니다. 가령 '연방준비제도이사회(Fed)의 금리 인상이나 양적완화 정책'은, 국경을 넘어 신흥국들의 자본 흐름과 환율, 심지어는 정치와 사회적 안정성까지 뒤흔들 수 있는 엄청난 힘을 지니고 있습니다. 그럼에도 중앙은행 시스템을 보면, 표면적으론 '안정적 화폐 공급'과 '금융질서의 조정'이란 그럴듯한 명분을 내세웁니다.

여하튼 '달러 패권의 실질적 효과'는 단순한 안정성을 넘어, '미국의 지정학적 영향력'과 결합하여 전 세계적으로 불균형을 초래해 왔습니다. 달러를 보유하지 않으면, 국제 무역에 참여하기 어렵고, 달러를 중심으로 한 금융 시스템에 접근하지 못하면, 글로벌 경제에서 고립될 수밖에 없습니다. 따라서 달러는 단순한 화폐가 아닌, 미국의 외교와 군사적 패권이 긴밀히 얽힌 지구적 지배 장치로 기능하게 된 것입니다.[30]

2) 금융위기와 신뢰 붕괴

2008년 글로벌 금융위기는 현대 금융 시스템의 구조적 취약성을 적나라하게 드러낸 일대 사건이었습니다.

---

30) 달러 패권은 국제 금융질서 속에서 안정과 신뢰를 제공했다. 하지만 역설적이게도 심대한 불균형과 종속 구조를 낳았다. 이것이 21세기 들어 비트코인과 같은 탈중앙화 화폐의 등장이 갖는 역사적 문제의식을 더욱 선명히 드러내는 배경이라 할 수 있다.

미국의 주택시장 거품과 서브프라임 모기지의 붕괴, 이를 기초로 한 복잡한 파생상품[31]의 무분별한 남용은 금융기관 내부의 탐욕과 무책임한 행태를 극명히 보여줬습니다. '리스크의 분산'이란 미명하에 만들어진 금융공학적 장치들은 오히려 리스크를 증폭시켰고, 결국 세계경제는 심각한 불황으로 내몰렸습니다.

위기는 단순히 경제적 손실에 그치지 않았습니다. 이는 '금융에 대한 근본적인 신뢰의 붕괴'를 초래했습니다. 세계적인 은행들과 투자기관들이 연쇄적으로 파산 위기에 몰리자, 사람들은 더 이상 금융 시스템을 안전한 질서로 받아들이지 않게 되었습니다. 따라서 '은행은 과연 우리의 자산을 안전하게 보관할 수 있는가?', '국가와 중앙은행은 진정으로 국민의 이익을 보호하는가?'라는 '의문

---

31) 파생상품은 기초자산의 가격, 이자율, 환율, 지수 등 변동 위험을 줄이기 위해 설계된 금융상품을 말한다. 대표적으로 선도[Forward], 선물[Futures], 옵션(Option), 스왑(Swap) 등이 있다. 파생상품의 목적은 헤지(Hedge : 위험 회피)와 레버리지(Leverage : 차입 효과), 새로운 금융상품 창조 등이다. 여기서 기초자산을 분류하면 금융상품뿐 아니라 일반상품, 신용위험, 자연환경, 경제현상 등 다양한 자산과 지표를 포함한다. 아울러 파생상품은 거래 방식에 따라 장내[거래소]와 장외[OTC]로 구분되며, 장내시장은 표준화된 조건, 장외시장은 맞춤형 계약이 특징이다.

이 본격적으로 제기'된 것입니다.

금융이 '신뢰에 기반한 제도'임을 고려할 때, 이 신뢰의 붕괴는 곧 제도의 정당성 자체를 흔드는 사건이 아닐 수 없습니다. 바로 이런 역사적 순간에 비트코인이 등장한 것입니다. 2008년 10월, 사토시 나카모토가 발표한 비트코인 백서는 단순히 새로운 디지털 화폐의 기술적 설계도가 아니었습니다. 이는 기존의 제도적 질서, 즉 '국가와 은행 중심의 신뢰 체계'에 대한 '근본적인 대안을 제시'하는 그런 선언이었습니다.

사토시 나카모토가 발표한 비트코인은 중앙기관을 거치지 않고, 분산된 네트워크와 암호학적 합의를 통해 신뢰를 확보하는 방식의 제안이었습니다. 이는 곧 제도적 신뢰가 무너진 시점에서 기술적 신뢰(Technological Trust)를 기반으로 한 새로운 가능성을 제시한 것입니다. 따라서 2008년 금융위기는 단순한 경제사적 사건을 넘어, 비트코인의 등장을 이해하는 데 결정적인 시대적 배경이 되었다고 할 수 있겠습니다.[32]

---

32) 기존 금융 시스템에 대한 불신이 극에 달했을 때, 비트코인은 '제도 대신 기술에, 권력 대신 분산 합의에 기초한 신뢰'라는 새로운 패러다임을 제시

2. 비트코인의 대안적 지위

1) 가치저장 수단 vs 투기 수단

비트코인은 '디지털 금'으로 불리면서 가치저장 수단으로 주목받고 있습니다. 한정된 공급량[2,100만 개]과 강력한 네트워크의 보안성은 이런 인식을 뒷받침하는 핵심 요소입니다. 특히 중앙은행이 발행하는 법정화폐와 달리 누구도 임의로 공급량을 늘릴 수 없다는 점은 인플레이션 시대의 투자자들에게 큰 매력으로 작용합니다. 이런 특성 덕분에 비트코인은 자산 포트폴리오의 '안전자산' 후보로 부각되는 이유입니다.

하지만 비트코인이 보여주는 극심한 가격 변동성과 투기적 수요, 규제 불확실성 등으로 불안정하고 위험한 자산으로 간주되기도 합니다. 즉 하루에 수십 퍼센트가 오르내리는 시장은 전통적인 통화의 안정성을 담보하지 못하고, 결제 수단으로서도 기능을 못 하게 하는 요인이

함으로써, 21세기 금융질서에 대한 철학적 전환점을 마련한 것으로 평가할 수 있다.

됩니다. 게다가 아직도 많은 국가에선 제도적 틀이 정비되지 않은 관계로, 비트코인을 둘러싼 법적, 윤리적 논쟁 역시 지속되고 있습니다.

 이와 같은 '비트코인의 양면성'은 단순히 '기술적 혁신의 산물'에 그치지 않고 화폐와 자산, 신뢰와 투기, 자유와 규제라는 다양한 담론의 교차점에 놓여 있음을 보여줍니다. 따라서 비트코인은 여전히 '화폐인가? 자산인가?'라는 정체성의 경계에서, 끊임없는 질문과 답변이 이어지고 있습니다. 물론 이 과정 자체는, '21세기 금융 문명사에 있어 새로운 실험이자 철학적인 과제(課題)'가 되고 있음은 말할 것도 없습니다.

2) 금[Gold] vs 디지털 금[Digital Gold]

 금(金)은 인류가 가장 신뢰한 '가치저장 수단'이었습니다. 수천 년간 교환 수단과 국가 재정의 근간이었습니다. 금은 시간이 흘러도 부식되지 않는 물리적 안정성과 누구나 인식할 수 있는 보편적 가치를 지니며, 나라와 나라를 연결하는 교역의 매개체이자 국가권력의 상징으로 손색이 없었습니다. 이런 특성을 지닌 금은 단순 금속이 아닌, 문명의 흥망성쇠를 관통하는 세계경제의 기축자산으로 역할을 담당했습니다.

반면 비트코인은 물질적 실체가 존재하지 않음에도 불구하고, 암호학적 알고리즘에 의해 보장되는 수학적 희소성과 초국경적 디지털 이동성을 강점으로 삼습니다. 누구도 임의로 발행량을 늘릴 수 없는 2,100만 개의 한계 공급 구조는 인위적 통제에서 완전히 자유롭다는 상징성을 지닙니다. 아울러 '블록체인이란 분산원장'[33]은 특정 국가나 제도의 권위에 기대지 않고도 신뢰를 형성하는 '새로운 방식'을 가능하게 합니다.

즉 물리적 운반이 불필요하고, 인터넷만 연결되면 세상 어디서나 즉시 전송할 수 있다는 점은 금과 비교할 수 없는 '기술적 유연성'을 보여줍니다. 금(金)이 과거 화

---

[33] 분산원장(分散元帳 : Distributed Ledger Technology, DLT)은, 말 그대로 거래 정보를 중앙 서버에만 보관하는 게 아닌, 네트워크에 참여하는 여러 사람에게 나눠 저장하는 기술을 말한다. 이렇게 하면 해킹 위험도 줄고, 데이터의 투명성도 높아지는 장점이 있다. 블록체인이 바로 이 분산원장기술의 대표적인 예로, 거래 기록을 '블록'이란 덩어리로 묶어 체인처럼 연결해 보안성을 높이는 방식을 쓴다.

폐 질서를 지탱하며 신뢰의 기초가 되었다면, 비트코인은 21세기 네트워크 사회에서 새로운 '디지털 금'으로 부상하고 있습니다. 이는 자산의 변화를 넘어, 가치와 신뢰를 조직하는 방식, 즉 아날로그적 실체에서 디지털 코드로 이행하고 있음을 보여줍니다.[34]

---

34) 이처럼 비트코인(Bitcoin)은 금(金)과 같은 역사적 유산의 연장선에서 등장한 동시에, 인류의 정치와 경제적 상상력을 근본적으로 재편하는 새로운 시대의 상징이라 할 수 있다.

3. 화폐 패권의 미래

1) 달러와 위안, 암호화폐 삼각구도

오늘날 통화 질서는 달러의 지배, 위안화의 부상 그리고 비트코인을 비롯한 암호화폐의 도전이란 삼각구도로 전개되고 있습니다. 제2차 세계대전 이후, 브레턴우즈 체제를 통해 확립된 '달러 중심의 금융질서'는 국제교역과 자본흐름을 지배해 왔습니다. 특히 석유와 원자재 등 국제무역 결제에서 달러는 기축통화로 기능하며, 미국은 이 특권을 통해 재정적자와 금융정책을 글로벌 차원에서 금융 패권을 누려왔습니다.

이런 구조는 단순한 경제적 우위가 아닌, 군사력과 외교력이 결합된 이른바 종합 권력의 기반으로 움직였습니다. 하지만 21세기에 들어 중국은 급속한 경제 성장과 함께 국제 금융질서에서 위안화의 비중을 확대하려는 전략을 노골적으로 드러내고 있습니다. 특히 디지털 위안화[CBDC : 중앙은행 발행 디지털 화폐]는 단순 통화 실험이 아닌, 글로벌 결제 시스템의 주도권을 장악하기 위한 전략적 도구로 활용합니다.

이는 기존 달러 결제망인 스위프트(SWIFT)[35] 의존도를 줄이고, 중국 주도의 무역 블록에서 위안화 결제를 활성화하려는 시도의 일환으로 이해할 수 있습니다. 만일 이런 움직임이 본격화된다면, 국제 금융질서에서 달러의 독점적 지위는 서서히 균열을 맞게 될 것으로 전망합니다. 그리고 미국과 중국의 통화 패권 경쟁 사이에서, 비트코인은 국가권력 바깥에서 작동하는 '새로운 변수로 부상할 것'으로 예상됩니다.

비트코인은 특정 국가의 통화정책이나 중앙은행의 발권력에 종속되지 않고, 블록체인 네트워크의 메커니즘 위에서 독자적으로 운용됩니다. 이는 국제 정치의 계산

---

[35] SWIFT(Society for Worldwide Interbank Financial Telecommunication)는 금융거래 관련 메시지를 안전하고 효율적으로 주고받기 위해 유럽지역 은행들이 1973년 5월 브뤼셀에 설립한 금융통신망이다. 금융기관 간 자금이체, 고객송금, 신용장 개설 및 통지, 외환거래, 추심, 유가증권, 신디케이트, 화환신용장 및 지급보증서, 여행자수표 등에 관한 메시지 송수신에 주로 이용되며, CLS은행 등 국가 간 결제시스템은 물론 일부 국가의 중앙은행 거액결제시스템 통신망으로도 활용되고 있다. 2017년 말 현재 전세계적으로 200여 개국 11,000여 개 금융기관이, 우리나라에서는 115개 기관이 SWIFT를 이용 중이다.

에 포섭되지 않는 탈영토적 자산이란 점에서 기존 화폐와 근본적으로 다릅니다. 아직 규모 면에선 달러나 위안화에 비견될 순 없으나 국가가 아닌 '네트워크 공동체'가 신뢰를 유지한다는 점에서 화폐의 본질과 권력의 관계에 대해 철학적 질문을 하게 합니다.

결국 오늘날의 국제 통화 질서는 단순한 경제 논리를 넘어, 미국의 금융 패권 유지, 중국의 디지털 권력 확장 그리고 비트코인을 비롯한 탈국가적 암호화폐의 도전이 맞물려 있는, 즉 '복합 삼각구도'라 할 수 있습니다. 이 구도는 앞으로 세계 질서의 재편 과정에서 중요한 시험대가 될 것이며, 화폐가 단순한 거래 수단을 넘어 권력과 신뢰, 문명의 방향성을 규정하는, '핵심 장치'임을 다시금 확인시켜 줄 것입니다.

2) 글로벌 거버넌스(Governance)의 가능성

화폐 패권의 미래는 단순히 국가 간의 힘겨루기나 경쟁 구도로만 환원될 수 있는 문제가 아닙니다. 미국과 중국 같은 강대국이 주도하는 통화 패권 경쟁은 여전히 국제 금융질서의 중심 무대에 서 있습니다. 하지만 블록체인 기술의 등장은 전혀 새로운 차원의 가능성을 보여주고 있습니다. 특히 블록체인 기반 화폐는 특정 국가의 국경과 제도를 뛰어넘어 전 지구적 차원에서 작동할 수 있는 탈영토적 성격을 지닙니다.

이는 화폐를 '국가의 권력 장치'로 이해해온 기존의 통념을 넘어, 글로벌 거버넌스의 새로운 실험을 촉발하는 계기가 되고 있습니다. 만일 분산형 화폐가 국제적 합의를 통해 일정한 제도적 틀 속에서 기능한다면, 인류는 특정 국가의 패권에 종속되지 않는 새로운 화폐 질서를 구축하게 될 것입니다. 이 새로운 질서는 개별 국가의 이해관계가 아닌, 네트워크 참여자들의 '집단적 신뢰와 합의에 의해 유지될 것'입니다.

아울러 기술적 투명성과 암호학적 안정성을 토대로 글로벌 금융 시스템의 '공동재' 역할을 담당할 것입니다. 이는 '누구의 것도 아니면서 모두의 것'이란 새로운 패러다임을 제시하는 것이며, 화폐가 더는 특정 국가 주권의 상징이 아닌, 인류 공동체적 합의의 산물이 될 수 있을 것입니다. 하지만 기존의 화폐 질서를 유지해온 국가권력이나 중앙은행, 금융기관 등은 분산형 화폐의 도전을 바로 수용하긴 어려울 것입니다.

　즉 새로운 질서가 등장하는 과정에서 규제와 저항, 제도적 충돌은 불가피하며, 국제 사회는 불확실성과 긴장을 경험하게 될 것입니다. 이는 단순히 법적 규제나 금융 안정성 문제를 뛰어넘어, 권력의 재편이라는 구조적 변화를 수반할 수밖에 없습니다. 결국 '화폐 패권의 미래'는 기술과 제도, 국가와 네트워크, 중앙집권적 권력과 분산적 신뢰가 맞부딪히는 역사적 과정 속에서 크게 요동치며 전개될 것으로 전망합니다.

Ⅵ. 사회와 문화적 변혁

1. 탈중앙화 사회의 가능성

1) 정치와 경제 권력의 재편

블록체인과 비트코인은 권력 구조를 근본적으로 재편할 가능성을 지닙니다. 기존의 행해지던 중앙 집중적 정치와 경제 질서는 점차 그 정당성을 잃어갈 수밖에 없으며, 사회 운영의 기본 원리는 재검토되고 있습니다. 말하자면 권력이 더 이상 특정 국가나 초국적 기업, 금융기관과 같은 거대한 조직에 집중되지 않고, 수많은 참여자가 분산된 네트워크의 노드[36]로서 함께 의사결정에 참여

---

36) 네트워크 노드(Node)는, 데이터 통신에서 데이터를 주고받는 장치 또는 지점을 의미하며, 컴퓨터나 프린터, 모뎀, 스위치, 허브, 라우터 등 다양한 장비가 포함된다. 즉 노드는 네트워크의 기본 요소로, 데이터를 생성하고 수신하며 전송할 수 있는 장치를 가리킨다. 물리적으론 컴퓨터나 프린터, 모뎀, 스위치, 허브, 라우터 등이 해당하며, 논리적으론 IP 주소와 MAC 주소의 조합으로 식별된다. 인터넷 노드는 IP 주소를 가진 호스트 컴퓨터를 의미하며, 모든 호스트는 물리적 네트워크가 노드인 것이다.

하는 구조로 옮겨가는 것입니다.

이런 변화는 독점 권력에서 비롯된 불평등과 불투명성, 권력 남용의 위험을 완화하는 동시에 개인이 자신의 정보와 자산을 직접 관리할 수 있는 권리를 강화합니다. 나아가 블록체인은 단순한 기술적 수단을 넘어 신뢰를 '권위적 제도'가 아닌 '분산된 합의'에 의해 형성되도록 함으로써 인간 사회의 근본적인 질서를 재편합니다. 이는 자유와 자율성의 확대를 의미하는 동시에 자유는 책임이 동반됨을 일러주고 있습니다.[37]

더욱이 이런 분산적 권력 구조는 국제 질서에도 새로운 파장을 일으킵니다. 전통적으로 화폐와 금융은 국가 주권의 핵심이자 패권 경쟁의 도구였지만, 블록체인은 국경과 제도를 초월한 합의를 합니다. 이는 특정 국가의 법과 제도에 종속되지 않는 '탈국가적 거버넌스'의 가능성을 열어주며, 시민 개개인이 곧 세계적 질서의 행위자가 될 수 있음을 시사합니다. 즉 권력 지도가 블록체인

---

[37] 따라서 블록체인과 비트코인의 등장은, 단순히 경제적 도구의 혁신을 넘어, 인류가 권력과 신뢰, 윤리란 근본 문제를 '어떻게 정의하고 운영할 것인가'라는 문명사적 과제를 제기하는 사건이라 할 수 있다.

기술을 통해 재구축되는 것입니다.

 2) 탈국가적 시민의 등장

 비트코인 유저는 단순 투자자나 기술 소비자에 머물지 않습니다. 즉 국가의 통화 체계나 제도적 보증에 의존하지 않고, '블록체인 네트워크'란 신뢰 기반에서 경제적 주체성을 실현합니다. 다시 말해 이들은 국경을 넘어선 정체성의 상징이자, 거래와 합의 과정에서 '네트워크의 시민'으로 존재합니다. 이는 근대 국가가 규정한 시민의 개념, 즉 특정 영토와 제도적 장치에 의해 부여되는 법적 신분을 근본적으로 재구성합니다.

 이제 시민은 국가의 경계를 넘어, 분산적 합의와 집단적 신뢰 속에서 새로운 정치, 사회적 정체성을 획득합니다. 이는 곧 '탈국가적 시민'이란 개념을 현실로 드러내며, 인간이 더는 특정 주권 체제에 종속된 존재가 아닌, 디지털 네트워크를 매개로 공동체를 구성하고 참여할 수 있는 가능성을 보여줍니다. 따라서 비트코인 유저는 근대적 시민의 연속선상에 있으면서도 동시에 그 '한계

를 넘어서는 전환기의 주체'입니다.[38]

더 나아가 이런 전환은 민주주의의 개념에도 새로운 함의를 던집니다. 즉 오늘날의 시민은 선거를 통해 권력을 위임하지만, 네트워크 시민은 합의 알고리즘과 거버넌스(Governance) 참여를 통해 직접적으로 권력 행사에 참여합니다. 이는 '대표 민주주의'를 넘어서는, 이른바 '참여적 네트워크 민주주의'의 가능성을 시사하며, 정치와 경제 공동체의 경계와 형태가 기술적 기반 위에서 '다시 쓰여지고 있음'을 보여줍니다.

---

[38] 아울러 이들은 미래 인류 사회의 새로운 정치적 상상력을 열어가는 주체적 시민들이라 할 수 있다.

2. 블록체인 공동체와 새로운 사회 계약

1) 토큰(Token) 이코노미와 거버넌스

블록체인 공동체는 화폐를 넘어 이른바 토큰(Token)이란 새로운 매개를 중심으로 독창적인 경제 질서와 사회적 실험을 전개하고 있습니다. 토큰은 단순 교환수단이나 자산의 단위에 머물지 않고, 공동체의 의사결정 구조에서 '참여 권리'와 '책임'을 동시에 상징합니다. 이는 단순 투자 상품이 아닌, 거버넌스에 참여할 수 있는 자격을 증명하는 것이며, 공동체 규칙을 제정하고 수정하는 데 기여하는 민주적 도구입니다.

이런 구조는 루소(Rousseau)가 『사회계약론』[39]에서 제

---

[39] 정치학과 사회학 이론의 하나이자, 그 기원이 된 도서의 제목이다. 즉 '사회는 실체 없이 오로지 개별 구성원들의 계약에 의해 유지되는, 이른바 인공적인 허상에 불과하다'는 것이 핵심이다. 말하자면 각 구성원의 동의 없이는 사회 체제가 구성되지 않으며, 나아가 구성원 사이에 체결된 합리적인 계약으로 사회의 모습을 바꾸면 빈부격차 등 다양한 사회 문제의 해결이 가능하다는 주장으로 이어진다. 사회학에선 사회명목론(社會名目論)의 선구적 관점으로 여겨진다.

시했던 '주권은 국민 전체에게 있으며, 그 의지는 공통의 합의로 실현된다'는 이상을 기술적 장치로 구체화하는 시도로 이해될 수 있습니다. 말하자면 사회계약이 추상적 규범에 머물렀던 근대의 정치철학적 구상을, 블록체인 기술이 코드와 알고리즘이란 형태로 실질적이고 검증 가능한 시스템 안에서 구현하는 것입니다. 즉 토큰은 '경제적 가치의 교환'을 넘어섭니다.

또 정치적 참여의 도구이자 공동체 정체성을 확인하는 상징으로 기능함은 물론 '정치와 경제'란 전통적으로 분리된 영역을 다시 연결합니다. 따라서 '토큰 이코노미'는 새로운 형태의 디지털 민주주의 실험장이자, 권력과 자원의 분배 원리를 근본적으로 재구성하는 거버넌스의 실험장이라 할 수 있습니다. 이는 향후 인류 사회가 어떤 방식으로 합의와 제도를 운영할 수 있을지를 가늠하게 하는 '중요한 전환점'이 됩니다.

2) 신뢰와 연대, 투명성

블록체인 공동체의 가장 본질적인 토대는 신뢰와 투명

성입니다. 기존의 제도적 시스템에선 신뢰가 중앙 권력이나 기관에 위임되는 방식으로 작동하지만, 블록체인에선 이런 외부 권위의 보증 없이도 네트워크 참여자들 간의 합의와 기록을 통해 신뢰가 구축됩니다. 즉 모든 거래는 분산원장에 기록되고, 누구나 열람하고 검증할 수 있기 때문에 기존의 정치제도나 금융제도에서 나타나는 불투명성과 권력남용을 막습니다.

그리고 항상 문제로 삼을 수 있는 부패(腐敗)의 가능성을 원천적으로 줄일 수 있습니다. 이는 단순 기술적 혁신이 아닌, '사회적 신뢰를 재구성하는 새로운 방식의 실험'인 것입니다. 동시에 이런 구조는 참여자들에게 '연대의 감각'을 길러줍니다. 말하자면 블록체인 네트워크는 익명의 개인들이 모여 협력하는 공간이지만, 그 속에서 이뤄지는 신뢰의 교환과 규칙 준수는 결과적으로 공동체적 윤리를 학습하게 만듭니다.

즉 개별적 이익 추구를 넘어, 네트워크 전체의 안정성과 지속성을 함께 책임지는 일종의 집단적 의무감이 형성됩니다. 이런 과정은 단순 기술적 참여가 아닌, 새로운 형태의 사회적 협력과 윤리적 자기 수양으로 이어집니다.

결국 블록체인은 '투명성을 기반으로 신뢰를 재구성'하고, 이 신뢰를 매개로 한 연대를 통해 공동체적 윤리를 확장하는 실험장이 되는 것입니다. 곧 21세기적 의미의 사회계약이라 할 수 있습니다.[40]

---

40) 다시 말하면 인간 사회가 오랫동안 추구해온 정의와 공정성의 이상을 기술적 장치를 통해 구체화하는 시도이자, 21세기적 의미의 사회계약을 재시도하는 과정으로도 해석될 수 있다.

3. 문화적 상상력

1) 디지털 유토피아와 디스토피아

비트코인은 미래 사회에 대한 상상력을 자극합니다. 이는 단순히 하나의 가상화폐나 투자 수단에 그치지 않고, 인류가 앞으로 어떤 사회적 질서를 구축할 것인가에 대한 근본적인 질문을 던지는 기호가 되는 것입니다. 앞에서도 일부 언급했지만 비트코인을 바라보는 시선은 늘 두 가지 상반된 전망이 교차합니다. 한편에선 국가와 중앙권력 그리고 거대 금융기관의 지배로부터 해방된 디지털 유토피아의 이상(理想)입니다.

여기서 비트코인은 특정 정부나 제도에 종속되지 않는, 전 지구적 시민의 자유로운 교환과 연대의 매개체로 작동합니다. 개인들은 자신의 지갑과 네트워크 합의를 통해 자율적 주체로 서게 되고, 분산된 기술구조는 권력의 독점적 지위를 무너뜨리며, 공동체는 더 수평적이고 투명한 협력 질서를 모색합니다. 이런 비전은 '사회계약론이 제시한 자유와 평등의 이상'을 '기술적으로 구현할 수 있다'는 희망과 연결됩니다.

하지만 다른 한편에선 기술이 초래할 수 있는 새로운 통제와 불평등의 그림자가 드리울 수도 있습니다. 비트코인이 과연 누구를 위한 자유인지, 실제론 자본력이 있는 소수의 투자자나 채굴자들만 유리한 체제가 되는 것은 아닌지에 대한 우려가 존재하는 것도 사실입니다. 이뿐입니까. 국가가 아닌 알고리즘이 권력을 대체되는 것에도 상상해볼 수 있습니다. 인간은 오히려 '비인격적인 통제 환경'에 놓일 수도 있습니다.

불평등이 심화된, 새로운 형태의 디지털 권력이 출현한다면, 비트코인은 이상이 아닌 또 다른 '디스토피아'의 문을 여는 열쇠가 될 수도 있습니다. 따라서 비트코인은 단순한 기술적 발명품을 넘어, 인류의 상상력을 유토피아와 디스토피아[41]의 양극단으로 동시에 끌어내는 강력

---

41) 유토피아(Utopia)와 디스토피아(Dystopia)는, 이상적인 사회와 그 반대의 사회를 나타내는 개념이다. 즉 유토피아는 평화와 평등, 자유, 조화가 실현된 사회를, 디스토피아는 억압, 통제, 불평등, 혼란이 가득한 사회를 가리킨다. 여기서 '유토피아'는 토머스 모어가 1516년 저술한 『유토피아』에서 처음 사용한 용어로, '어디에도 없는 좋은 곳'이란 뜻을 지닌다. 유토피아는 빈부격차 없이 모두가 평등하고, 범죄나 전쟁, 갈등 등이 없으며, 효율적인 정부가 존재

한 촉매제가 됩니다. 이는 미래 사회의 가능성을 실험하는 상징적 무대이자, 우리가 어떤 길을 선택할 것인지를 묻는 '철학적 질문'이기도 합니다.

2) 예술과 미디어, 종교와의 접점

블록체인과 NFT[42]는 예술과 미디어의 유통 구조를 바

하는 이상적인 사회를 가리킨다. 대표적으로 플라톤(B.C.428~B.C.348)의 『국가』나 토머스 모어(1478~1535)의 『유토피아』, 헉슬리(1894~1963)의 『멋진 신세계』 등을 들 수 있다. 그리고 '디스토피아'는 유토피아의 반대 개념으로, '나쁜 장소'란 뜻을 지닌다. 디스토피아는 전체주의적 통제와 개인의 자유 억압, 극단적 계급 사회, 사회적 혼란, 환경 파괴 등을 가리킨다. 대표적으로 조지 오웰(1903~1950)의 『1984』, 영화 〈매트릭스〉와 〈설국열차〉, 드라마 〈오징어 게임〉 등을 들 수 있다. 이처럼 현대 사회는 유토피아적 요소와 디스토피아적 요소가 공존하며, 두 개념은 우리가 어떤 사회를 만들어갈 것인지에 대한 철학적 질문을 던진다.

[42] NFT는 Non Fungible Token, 즉 '대체 불가능한 토큰'의 약자다. 블록체인 기술을 활용해 디지털 자산의 소유권을 증명하는 고유한 토큰을 가리킨다. NFT는 토큰마다 고유한 식별자를 가지며, 블록체인에 소유권과 거래 내역이 영구적으로 기록되어 원본성과 소유권을 보장한다. 가령 디지털 그림이나 음악, 영상 등 다양한 디지털 파일을 NFT로 등록하면, 해당 파일이 원본임을 증명할 수 있다. 그리고 NFT는 서로 교환할 수 없는 특성을 지니면서, 각각의 NFT는 다른 NFT와 1:1로 대체할 수 없다. 따라서 NFT는 희소성과 고유성을 바탕으로 가치를 인정받는 것이다. 활용 분야는 예술이나 음악, 게임 아이템, 신원 증명 등 다양한 디지털 콘텐츠에 적용되며, 최근엔 미술품 경매, 메타버스, 엔터테인먼트 등에서 활용되고 있다.

꾸며 창작과 소유의 의미를 다시 정의합니다. 기존의 예술 시장과 출판, 미디어 구조는 늘 중개자, 즉 갤러리나 출판사, 방송사, 플랫폼 기업 등을 거쳐야 작동했지만, 블록체인은 이런 중개를 최소화하고 창작자와 수용자를 직접 연결합니다. NFT는 단순한 디지털 이미지의 판매를 넘어, '원본성'과 '소유권'을 블록체인상에서 보증하는 장치로 기능하고 있습니다.

이는 예술작품의 가치와 창작 행위 자체를 새롭게 정의하는 계기가 됩니다. 작품은 더 이상 물리적 공간에 한정되지 않고, 디지털 네트워크 속에서 유통되고 거래되며, 이 과정에서 예술적 창작 의미는 '경험의 공유'와 '공동체적 소유'란 차원으로 확장됩니다. 이런 흐름은 단지 예술에만 국한되지 않고, 종교적 상상력 속에서도 함의를 지닙니다. 즉 블록체인의 불변성은 마치 경전의 불가침성(不可侵性)을 떠올리게 합니다.

누구나 접근하고 검증할 수 있는 분산된 원장은 공동체의 신앙 행위와 유사한 구조를 보여줍니다. 아울러 탈중앙적 질서는 특정 교권이나 제도에 종속되지 않고, 자율적 규율을 형성하는 새로운 '디지털 종교' 혹은 '디지털 성소'의 가능성을 암시합니다. 이런 맥락에서 블록체인은 단순한 기술적 인프라가 아닌, 인간이 의미를 구성하고 신뢰를 형성하는 방식 그 자체를 바꾸는 일종의 '영적 장치'로도 해석될 수 있습니다.

결국 블록체인은 기술과 문화, 영성의 경계를 가로지르는 새로운 상상력의 장이 됩니다. 예술의 유통 구조를 재편하는 동시에, 신앙과 공동체의 본질에 대해 질문을 던집니다. '무엇을 믿을 것인가? 그리고 그 믿음을 어떻게 공동체와 공유할 것인가?'라는 숙제는 이제 디지털 코드와 알고리즘 속에서 다시 묻고 있습니다. 이처럼 블록체인은 21세기 인류가 자신의 정체성과 영성을 탐색하는 새로운 거울이 되고 있습니다.

Ⅶ. 결론

1. 비트코인의 철학적 의의

1) 화폐의 역사와 미래

비트코인은 단순한 디지털 자산의 발명이 아닌, 인류가 수천 년 동안 구축해 온 화폐의 기원과 역사를 근본적으로 되돌아보게 하는 거대한 사건입니다. 인류 문명의 발전 과정에서 화폐는 단순한 교환의 매개체를 넘어 사회적 신뢰의 제도적 장치로 작동해 왔습니다. 조개껍데기나 금속화폐, 지폐 그리고 전자화폐로 이어지는 흐름 속에서 화폐는 늘 교환 수단, 가치저장, 회계 단위라는 고전적 기능을 수행했습니다.

이 기능을 지탱한 기반은 역시 국가의 권력과 제도의 권위였습니다. 하지만 비트코인의 등장으로 이런 전통적 권위의 기반은 무너지고 있습니다. 블록체인 기술과 탈중앙 네트워크를 바탕으로 한 비트코인은, 국가나 중앙은행이란 권위적 보증 없이도 화폐가 존속하고 기능할 수 있음을 보여주고 있습니다. 이제 '화폐의 신뢰'는 중앙 권력이 아닌, '메커니즘과 수학적 증명' 그리고 '네트워크의 참여자들'로부터 나옵니다.[43]

이런 변화는 화폐에 대한 철학적 성찰을 새롭게 합니다. 아리스토텔레스가 화폐를 공동체적 합의의 산물로 보았듯, 비트코인은 그 합의의 주체를 국가에서 개인과 네트워크로 옮겨 놓습니다. 이는 화폐의 본질이 단순히 권력의 지표가 아닌, 기술과 참여자들의 신뢰가 결합한 새로운 사회적 약속임을 드러냅니다. 따라서 비트코인은 기존 화폐 체계를 보완하는 도구 정도가 아닌, 문명의 전환점을 보여주는 사례입니다.

---

[43] 비트코인은 '기술과 네트워크'란 전혀 새로운 기반 위에서 화폐의 미래를 열어젖히며, 인류가 화폐를 통해 구축해 온 사회적 질서를 새롭게 쓰도록 재촉하고 있다.

2) 자유와 신뢰, 권력의 재구성

비트코인은 '자유와 신뢰, 권력'이란 철학적인 문제를 새로운 지평에서 다시 묻게 합니다. 한편으로 비트코인은 개인의 자율성을 확장합니다. 누구나 은행 계좌 없이도 디지털 지갑 하나로 전 세계적 거래에 참여할 수 있으며, 자신의 자산을 국가나 금융기관의 간섭 없이 스스로 보관하고 이동시킬 수 있습니다. 이는 근대적 자유의 이상과 맞닿아 있으며, 인간이 더 이상 중앙 권력에 의존하지 않고도 살 수 있습니다.

말하자면 누구나 스스로의 주체성을 실현할 수 있는 가능성을 드러내는 것입니다. 하지만 비트코인은 인간을 '코드와 알고리즘'이란 새로운 규율 속에 위치시키는 결과를 도출하기도 합니다. '코드가 법이다(Code is Law)'라는 구호 속에서, 인간은 국가나 제도가 아닌 기술적 장치의 통제 아래 놓이게 되는 셈입니다. 이는 자유가 무조건 확대되는 것이 아닌, 새로운 형태의 규범적 틀 속에서 재정의됨을 의미합니다.[44]

---

[44] 따라서 비트코인의 자유는 절대적 해방이 아닌, '기술이 설계한 질서'와 '인간의 자율성이 긴장 속에서 공존'하는 새로운 자유의 양식이라 할 수 있다.

상황이 이런 형국임에도 비트코인은 국가와 금융기관 중심의 권력 질서를 완전히 바꿔가는 기제가 되고 있습니다. 분산된 신뢰를 바탕으로 한 새로운 권력 구조의 가능성을 열어 보입니다. 전통적 권력이 '집중의 논리'였다면, 블록체인적 권력은 '분산과 연대'의 논리입니다. 이 점에서 비트코인은 단순한 금융 혁신을 넘어, 권력과 자유, 신뢰에 관한 근본적 사유 방식을 전환시키는, '철학적 사건'이라 할 수 있습니다.

2. 비트코인이 던지는 철학적 과제

1) 인간은 무엇을 신뢰하는가?

비트코인은 우리에게 '신뢰란 무엇인가?'라는 근본적인 질문을 합니다. 인류는 오랫동안 국가와 제도 그리고 그 제도를 뒷받침하는 권위를 신뢰해 왔습니다. 하지만 이제는 중앙 권력의 보증 대신, '수학적 알고리즘과 분산된 네트워크, 코드의 엄격한 논리를 신뢰할 수 있는가?'라는 문제에 직면해 있습니다. 이는 기술적 차원의 문제가 아닌, 어떤 방식으로 사람들과 관계를 맺을 수 있는지에 대한 철학적 물음입니다.

즉 제도를 신뢰하는 시대에서 기술을 신뢰하는 시대로의 전환은, 사회적 신뢰의 구조 자체가 완전히 변화하고 있음을 보여줍니다. 결국 비트코인은 인간이 '신뢰의 대상'을 어떻게 구성하고 유지하는지에 대한 철학적 통찰을 요구하며, 이는 정치철학이나 사회철학뿐만이 아닌 종교적이고 윤리적인 사유와도 깊이 연결되어 있습니다. 아울러 인간은 '무엇을 본질로 삼아야 하는지'란 형이상학적 질문으로까지 확장됩니다.

사실 이런 물음은 인간의 존재와도 맞닿아 있습니다. 즉 신뢰를 권력과 제도의 권위에 두느냐, 기술적 메커니즘과 집단적 합의에 두느냐로 전개되지만, 이는 단순한 문제가 아닙니다. '무엇을 근거로 공동체를 유지하고, 미래를 설계할 수 있는가?'란 문제입니다. 따라서 비트코인은 단순 금융 혁신을 넘어, 신뢰를 재구성하는 새로운 패러다임으로 인류가 나아갈 방향에 대한 '근원적 토론을 촉발하는 계기'가 됩니다.

2) 화폐 이후의 철학적 전망

비트코인은 화폐의 미래만이 아닌 공동체의 미래까지 묻습니다. 주지하듯 화폐는 단순한 경제적 도구가 아니었음은 주지의 사실입니다. 이는 사회적 신뢰의 표현이자 정치적 질서, 윤리적 규범을 담아온 문화적 코드였습니다. 따라서 화폐의 변화는 인간의 존재 방식과 공동체의 구조 변화로 이어집니다. 비트코인 등장은 문명의 근본적 틀을 재구성하는 계기를 제공하며, 어떤 인간상을 지향할 것인지 성찰을 요구합니다.

 비트코인은 이른바 '포스트 화폐 시대'의 가능성을 열어 보이고 있습니다. 국가권력의 그늘을 벗어나 분산된 네트워크 속에서 새로운 교환 질서가 형성되고 있습니다. 때문에 '인간은 무엇을 가치로 삼을 것인가?' '우리는 어떤 공동체를 구성할 것이며, 자유는 또 어떤 방식으로 실현할 것인가?'라는 본질적 질문이 끊임없이 이어지는 이유입니다. 이는 인류의 삶의 방식 전체를 관통하는 철학적 과제가 아닐 수 없습니다.

 비트코인은 디지털 자산 이상의 의미를 지닙니다. 이는 인류 문명의 오래된 질문, 즉 '신뢰와 권력, 자유, 공동체'를 21세기적 맥락 속에서 새롭게 소환합니다. 화폐를 넘어선 비트코인의 사유는 우리로 하여금 존재의 본질과 사회의 미래를 성찰하게 합니다. 즉 비트코인은 단순한 기술적 사건이 아닌, 우리 시대가 직면한 거대한 철학적 전환의 징후이며, 동시에 인류가 추구하는 방향을 일러주는 이정표라 하겠습니다.

부록I: 화폐와 금융패권[돈이 곧 힘이다]

1. 총보다 강한 돈의 힘

이른바 '돈이 세상을 움직인다'는 말은 단순한 속담이 아닙니다. 국제정치에서 돈의 흐름을 쥐는 국가는 군사력 못지않은 영향력을 행사합니다. 총과 대포가 국경을 지키고 넓히는 힘이라면, 화폐와 금융은 국경을 넘어 마음과 경제를 지배하는 힘입니다. 국제 무역의 결제 통화, 금융 네트워크, 국제자본 이동을 통제하는 능력이 화폐와 금융패권입니다. 즉 화폐를 지배하는 것, 보이지 않는 제국의 주인이 되는 것입니다.

2. 파운드에서 달러로[기축통화의 계보]

19세기 세계경제의 중심은 영국 런던이었습니다. 대영제국의 해양패권과 산업혁명으로 뒷받침된 파운드는 세계 무역의 결제 표준이었습니다. 하지만 2차 세계대전 이후, 미국은 경제와 군사, 금융의 3박자를 갖추면서, 달러가 파운드를 대체합니다. 1944년 브레튼우즈 회의에서 달러는 금과 고정 환율을 맺으며 국제통화의 왕좌에 올랐습니다. 후일 금태환 제도가 폐지되었음에도 달러는 여전히 강자의 지위에 있습니다.

3. 달러 패권의 작동 방식

달러 패권은 3개의 기둥으로 존재합니다. 첫째, '국제결제망'입니다. 전 세계 상품과 서비스의 결제 대부분이 달러로 이뤄진다는 사실입니다. 둘째, '금융시장 지배력'입니다. 뉴욕의 월스트리트와 미국의 채권시장은 세계에서 가장 깊고 안정된 자본시장을 갖추고 있다는 사실입니다. 셋째, '국제기구 장악'입니다. 국제통화기금[IMF]과 세계은행 등 국제금융기구에서 미국은 의사결정의 핵심 권한을 쥐고 있다는 사실입니다.

4. 금융제재[보이지 않는 무기]

미국은 달러 패권을 활용해 강력한 금융제재를 가할 수 있는 나라입니다. 실제로 2012년 이란은 핵개발 문제로 SWIFT[국제은행간통신망]에서 퇴출당하자 국제 무역이 사실상 마비됐습니다. 2022년 러시아 역시 우크라이나 침공 직후, 미국과 서방의 SWIFT 차단 조치로 큰 타격을 받았습니다. 이처럼 금융제재는 총 한 발 쏘지 않고도 상대국 경제를 무력화시킬 수 있는 그야말로 '비군사적 무기'라 할 수 있습니다.

5. 새로운 도전자들[위안화, 암호화폐, CBDC]

중국은 위안화 국제화를 추진하고 있습니다. '일대일로(一帶一路)' 사업에서 위안화 결제를 늘리고, 상하이 원유선물시장을 개설하는 등 금융영역을 확장하고 있습니다. 한편 비트코인 같은 암호화폐와 각국 중앙은행이 발행하는 CBDC[중앙은행 디지털화폐]도 달러 중심 질서에 균열을 낼 수 있는 잠재력을 지닙니다. 즉 통화질서는 미국의 패권, 중국의 도전, 암호화폐 부상이란 다국적 경쟁 구도로 재편되고 있습니다.

6. 금융패권의 미래

미래의 금융패권은 속도와 신뢰가 좌우할 가능성이 큽니다. 첫째, 속도입니다. 블록체인과 디지털 결제 시스템이 거래 속도를 비약적으로 높입니다. 둘째, 신뢰입니다. 기축통화는 발행국의 경제력뿐 아니라 정치와 법치 안정성에 기반합니다. 따라서 경제 규모가 크더라도 정치와 사회가 불안하면 기축통화로서 신뢰를 얻기 어렵습니다. 결국 금융패권의 향방은 기술혁신과 제도적 안정성에 달려 있다고 할 수 있습니다.

부록 II: 비트코인 관련, 주요 용어 해설

1. 기술적 핵심 용어

* 비트코인(Bitcoin): 2009년 사토시 나카모토가 개발한 최초의 분산형 디지털 화폐를 말한다. 중앙 권력 없이 개인 간 직접 거래가 가능하다.

* 블록체인(Blockchain): 거래 내역을 블록 단위로 묶어 시간순으로 연결한 분산원장기술을 말한다. 위조나 변조가 사실상 불가능하다.

* 탈중앙화[Decentralization]: 국가나 은행 같은 중앙기관에 의존하지 않고, 네트워크 참여자들의 합의로 시스템이 유지되는 구조를 말한다.

* P2P 네트워크(Peer-to-Peer Network): 중앙 서버 없이 개인이 직접 연결되어 데이터를 주고받는 네트워크 방식을 말한다.

* 마이닝(Mining): 컴퓨터 연산을 통해 거래를 검증하고, 새로운 블록을 생성하는 과정을 말한다. 보상으로 비트코인을 획득한다.

* 해시 함수[Hash Function]: 임의의 데이터를 고정된 길이의 암호학적 값으로 변환하는 알고리즘을 말한다. 보안과 무결성의 핵심이다.

* 공개키·개인키[Public Key·Private Key]: 거래의 신뢰성을 보장하는 암호학적 키를 말한다. 공개키로는 확인, 개인키로는 서명을 하는데, 공개키 암호에선 공개키[Public Key]와 개인키[Private Key] 한 쌍의 키가 사용된다.

* 지갑[Wallet]: 비트코인을 보관하고 전송하기 위한 도구를 말한다. 소프트웨어 지갑과 하드웨어 지갑으로 나뉜다.

2. 경제와 금융 관련 용어

* 기축통화[Reserve Currency]: 국제 결제와 금융 거래에서 중심이 되는 통화를 말한다. 현재는 미국 달러가 대표적이다.

* 인플레이션(Inflation): 화폐 가치 하락으로 인해 물가가 전반적으로 상승하는 현상을 말한다.

* 희소성[Scarcity]: 발행량이 2,100만 개로 제한된 비트코인의 근본적 속성을 말한다.

* 사토시(Satoshi): 비트코인의 최소 단위, 즉 0.00000001BTC를 말한다. 창시자의 이름에서 유래했다.

* 토큰(Token): 블록체인 위에서 발행되는 디지털 자산을 말한다. 화폐 기능뿐 아니라 권리와 규칙을 담기도 한다.

* 거래소[Exchange]: 비트코인을 포함한 암호화폐를

매매할 수 있는 온라인 플랫폼을 말한다.

* ETF[Exchange-Traded Fund]: 특정 자산에 연동된 상장지수펀드를 말한다. 비트코인 ETF는 제도권 편입을 상징한다.

3. 철학과 사상적 키워드

* 신뢰[Trust]: 중앙 권력[국가·은행]에 대한 신뢰에서, 분산 네트워크 합의에 대한 신뢰로 전환하는 과정을 말한다.

* 코드가 법이다(Code is Law): 기술 규칙이 곧 법적·제도적 질서 역할을 한다는 관점이다.

* 자율[Autonomy]: 개인이 자신의 자산을 스스로 관리하고 운용할 수 있는 자유를 말한다.

* 탈국가적 시민[Post-National Citizenship]: 국경과 제도의 구속을 넘어 디지털 정체성을 형성하는 새로

운 주체를 말한다.

* 사이버 아나키즘(Cyber-Anarchism): 중앙 권력에 대한 불신과 자유로운 네트워크 공동체를 지향하는 사상을 말한다.

* 디지털 골드(Digital Gold): 비트코인을 금(金)과 같이 안전자산으로 비유하는 개념이다.

* 토큰 거버넌스(Token Governance): 토큰을 매개로 공동체의 규칙과 권리를 형성하는 새로운 사회계약 방식을 말한다.

4. 역사와 문화적 맥락 용어

* 브레턴우즈 체제(Bretton Woods System): 1944년 성립된 달러 중심 국제 통화 체제를 말한다. 1971년 닉슨의 금본위제 중지로 붕괴되었다.

* 사토시 나카모토(Satoshi Nakamoto): 비트코인의

창시자로 정체는 아직 밝혀지지 않았다.

* 화이트페이퍼(White Paper): 2008년 발표된 사토시 나카모토의 논문을 말한다. 즉 그의 논문 원제이다. 「Bitcoin : A Peer-to-Peer Electronic Cash System」.

* 할빙(Halving): 약 4년마다 채굴(採掘) 보상이 절반으로 줄어드는 이벤트를 말한다. 비트코인의 희소성과 가격에 큰 영향을 준다.

* 비트코인 피자데이(Bitcoin Pizza Day): 2010년 5월 22일, 플로리다에 거주하는 한 개발자가 당시 비트코인 10,000개를 지불하고 피자 2판을 주문한 역사적 사건을 말한다. 오늘날 비트코인 가치로 환산하면 수조 원에 달하는 천문학적인 액수지만, 당시엔 블록체인 기술이 실제로 현실에서 통용될 수 있음을 증명한 상징적인 거래였다.

* 2008 금융위기[Global Financial Crisis]: 비트코인의 탄생 배경이 된 사건을 말한다. 금융 시스템의 취약성과 불신을 드러냈다.

참고문헌

• 한국

강승구·최동녘, 『나는 오늘도 비트코인을 산다』, 유노북스, 2025.

김도윤 외, 『머니트렌드 2024』, 북모먼트, 2023.

김선영 역, 『금융의 지배』, 민음사, 2010.

김선화 역, 『내셔널리즘의 역설 상상의 공동체』, 어문학사, 2014.

김수행 역, 『자본론』, 비봉출판사, 1992.

김수행, 『알기 쉬운 정치경제학』, 서울대학교출판부, 2008.

김수행, 『자본론 공부』, 돌베개, 2014.

김신회, 『글로벌 금융 키워드』, 갈라북스, 2024.

김영욱 역, 『사회계약론』, 후마니타스, 2022.

김원기 역, 『자유로서의 발전』, 갈라파고스, 2013.

김의석 역, 『읽고 쓰고 소유하다』, 어크로스, 2024.

김일영 역, 『도해 정치경제학』, 동녘, 1989.

김재인 역, 『천 개의 고원』, 새물결, 2003.

김재홍 역, 『정치학』, 길, 2017.

김진준, 『총 균 쇠』, 문학사상사, 2013.

김진화, 『넥스트 머니, 비트코인』, 부키, 2014.

김창익, 『비트코인의 시대』, 다산북스, 2025.

김태경 역, 『정치가』, 한길사, 2000.

맹주만, 『칸트의 윤리학』, 어문학사, 2019.

박문재 역, 『아리스토텔레스 정치학』, 현대지성, 2024.

박문재 역, 『플라톤 국가』, 현대지성, 2023.

박세연 역, 『행동경제학』, 웅진지식하우스, 2023.

박종현 역, 『국가·政體』, 서광사, 2005.

백종현, 『실천이성비판』, 아카넷, 2019.

서정아 역, 『킹달러』, 인플루엔셜, 2025.

신민철, 『비트코인 슈퍼 사이클 2026』, 거인의정원, 2025.

신용우 역, 『워런 버핏 웨이』, 상상스퀘어, 2025.

심세광·전혜리 역, 『생명관리정치의 탄생』, 난장, 2012.

심세광·전혜리·조성은 역, 『안전, 영토, 인구』, 난장, 2011.

안유화, 『더 플로』, 경이로움, 2023.

이선일 역, 『칸트와 형이상학의 문제』, 한길사, 2001.

이재규 역, 『자본주의 이후의 사회』, 한국경제신문사, 1993.

이진우 역, 『인간의 조건』, 한길사, 2019.

인호·오준호, 『부의 미래, 누가 주도할 것인가』, 미지biz, 2020.

장영재 역, 『사이페딘 아모스의 경제학 수업』, 거인의정원, 2025.

전경아 역, 『미셸 푸코』, 까치, 2024.

정재호, 『주식시세의 비밀』, 프런트페이지, 2023.

정진상 역, 『투자는 심리게임이다』, 미래의창, 2023.

조경엽, 『미중 화폐전쟁』, 미래의창, 2025.

주경철 역, 『유토피아』, 을유문화사, 2021.

차혜정 역, 『화폐 전쟁』, 랜덤하우스, 2009.

최명관 역, 『니코마코스 윤리학』, 창, 2008.

최승현 역, 『가상사회의 철학』, 산지니, 2022.

한병철, 『심리정치』, 문학과지성사, 2016.

한병철, 『투명사회』, 문학과지성사, 2014.

한중섭, 『비트코인 제국주의』, 스리체어스, 2019.

홍기빈 역, 『거대한 전환』, 길, 2009.

홍익희·홍기대, 『화폐혁명』, 앳워크, 2018.

황경식 외, 『실천윤리학』, 철학과현실사, 2011.

・미국 등 기타

Barry Eichengreen, 『Globalizing Capital』, Princeton University Press, 2019.

Charles Kindleberger, 『The World in Depression, 1929-1939』, University of California Press, 1973.

David Graeber, 『Debt : The First 5000 Years』, Melville House, 2011.

Don Tapscott & Alex Tapscott, 『Blockchain Revolution』, Jabez Publishing, 2017.

Eswar Prasad, 『The Future of Money: How the Digital Revolution is Transforming Currencies and Finance』, Harvard University Press, 2021.

Friedrich Hayek, 『Denationalisation of Money』, Institute of Economic Affairs, 1976.

Geoffrey Ingham, 『The Nature of Money』, Polity Press, 2004.

Geoffrey Ingham, 『The Nature of Money』, Polity Press, 2004.

Julian Assange, 『Cypherpunks: Freedom and the Future of the Internet』, OR Books, 2012.

Lawrence Lessig, 『Code and Other Laws of Cyberspace』, Basic Books, 1999.

Lucas Papadimitriou, 『China's Digital Currency Revolution』, Palgrave Macmillan, 2023.

Luciano Floridi, 『Information: A Very Short Introduction』, Oxford University Press, 2010.

Luciano Floridi, 『The Fourth Revolution: How the Infosphere is Reshaping Human Reality』, Oxford University Press, 2014.

Manuel Castells, 『The Rise of the Network Society』, Blackwell, 2000.

Mark Poster, 『Information Please: Culture and Politics in the Age of Digital Machines』, Duke University Press, 2006.

Nathaniel Popper, 『Digital Gold』, HarperCollins, 2016.

Nick Szabo, 「Shelling Out: The Origins of Money」, 2002[Online Essay].

Paul Krugman, 『End This Depression Now!』, W.W. Norton, 2013.

Paul Vigna & Michael Casey, 『The Age of Cryptocurrency』, St. Martin's Press, 2015.

Satoshi Nakamoto, 『Bitcoin: A Peer-to-Peer Electronic Cash System』, 2008.

Searle, J., 『The Construction of Social Reality』, Simon & Schuster, 1997.

Shoshana Zuboff, 『The Age of Surveillance Capitalism』, PublicAffairs, 2019.

Slavoj zizek, 『The Courage of Hopelessness』, Allen Lane, 2017.

Viviana Zelizer, 『The Social Meaning of Money』, Basic Books, 1994.

왜 비트코인 철학인가?

김해영 · 김동숙 지음

발행처	도서출판 **청어**
발행인	이영철
영업	이동호
홍보	천성래
기획	육재섭
편집	이설빈
디자인	이수빈 ǀ 구유림
인쇄	정우인쇄

등록 1999년 5월 3일
   (제321-3210002510019990000063호)

1판 1쇄 발행 2025년 11월 10일

주소 서울특별시 서초구 남부순환로 364길 8-15 동일빌딩 2층
대표전화 02-586-0477
팩시밀리 0303-0942-0478
홈페이지 www.chungeobook.com
E-mail ppi20@hanmail.net

ISBN 979-11-6855-400-9 (03320)

이 책의 저작권은 저자와 도서출판 청어에 있습니다.
무단 전재 및 복제를 금합니다.